頭のいい人は「答え方」で得をする

がっかりされない答え方、一目置かれる答え方

樋口裕一

大和書房

『頭のいい人は「答え方」で得をする』◎目次

第2章 信頼を勝ち取れない答え方、勝ち取れる答え方

第3章 なぜか好かれない答え方、好かれる答え方

第4章
雑談が気まずくなる答え方、気まずくならない答え方

序章

それって「答え」になっていませんよ！

愚かな「答え方」で損していませんか？

「話し方」とは「答え方」

私はこれまで、話し方に関する書籍をたくさん書いてきた。そして、コミュニケーションに悩む方々に講演会などを通じてアドバイスを行ってきた。

だが、私は決して話し上手ではなく、どちらかというと苦手なほうだ。話し好きというわけでもなく、むしろ一人で好きな音楽や文学にひたっていることを好むたちだ。だから、話したくなければ無理に話す必要などなかろうと、常日頃から考えている。

とはいえ、実際の日常はどうだろう。話したくなければ話さなくてもよいというのは、なかなか許されることではない。とりわけ、仕事の場面において、そのような態度でいられるものではない。私のような**話し下手、話し嫌いでも、それなりに**

対応しないと生きていけない。

私は小論文指導の通信塾の塾長としての仕事をしており、スタッフからさまざまな質問や相談をされる。そうしたら、それなりの答えを返さなければならない立場にある。

数年前まで、私は私立大学の教授職にあったし、定年退職後の今も名誉教授、入試関係特別顧問、あるいは小論文指導者として大学などの機関で仕事をしている。そこでも、教職員や学生、受験生から質問を受け、それにきちんと答えなければならない機会は多い。

書籍やセミナーなどの新しい企画が動き出すと、当然ながら打ち合わせや会議が行われ、実に多角的に考えや意見を求められる。

家庭でも、日々のこまごまとしたことに返事をする必要がある。

そして、気づいたのだ。答えるということのなんと多いことか。「話し方」とは、つまり、「答え方」にほかならないのではないかと。**私たちは社会的な生き物として話すことから逃れられないのと同時に、答えることからも逃れられない**ということだ。

質問であれば、場合によってはしないで済ますことができる。ほかの人でもわかることなら、あとでこっそり尋ねることができる。しかし、質問されたら、ほとんどの場合、逃れることができない。ましてそれが仕事であれば、きちんと対応せざるを得ない。そうした場面で、頭のよさ、仕事の能力の高さをある程度は見せておきたい。そうしないと、仕事が停滞してしまい、自分の能力も発揮できない。

「質問力」があるよりも「答え方」がうまいほうが得をする

答えるという行為は、相手からの質問があってはじめて必要になる。ビジネスでもプライベートでも、日常のコミュニケーションは「質問」と「答え」で成り立っているといっても過言ではない。

そのときどきで、私は相手や状況に応じて真摯に答えてきたつもりだ。だが、たまに**「しまった、こう答えればよかった」「相手を失望させてしまったのではないか」**と後悔することも、実は少なくない。

「質問」と「答え」。この二つを考えるとき、質問はコミュニケーションにおいて大切だと認識されている。多くの人が、「質問は話し上手になるために欠かせない要素」だと考えている。

上手に質問できると、相手からおもしろい話を引き出せる。相手が何を考え求めているのかを探ることができる。そして、質問とはズバリ「相手の話を聞く」という行為だから、聞き上手だと思ってもらえる。いや、そもそも質問によってコミュニケーションのきっかけを作ることもできる。

そのように考えると、確かに質問上手になるメリットは大きい。

そんな質問に対し、答えるという行為はあまり注目されてこなかった。はっきりいって、答えることがコミュニケーションにおいて重要だという認識を持っている方は少ないのではなかろうか。

だからこそだろう、**周囲を見回してみると、答え方で損をしている人は多い。**実に愚かな答え方で、コミュニケーション能力の低さを露呈している人がいる。いや、本人は十分に対応しているつもりなのだろうが、相手はそう受け取っていないことに気づいていない人もいる。

答えることで得している人は、そう多くないのだ。それは、答えることの大切さやメリットが知られていないからだろう。

質問とは何かというと、自分が設定したある土俵に相手を乗せることができる行為で、いわば「攻め」だ。その攻めに対しての「受け」が答えるということだ。ただ、その**「受け」というのは単に受け身の意味ではない。**ここが重要なポイントになる。

能力が丸見え！

相手が言葉を発してこちらに問う。それに答えるには、相手が設定した土俵に乗らなくてはいけない。まずは乗らないと会話という相撲は取れない。それに乗っかるのがコミュニケーションの第一歩だ。だから、とにかく相手の話に「乗っかる力」が必要だ。

そして、乗っかったら、次に相撲を取らなくてはならないのだが、ずっと相手の土俵で相撲を取り続けるのではなく、相撲を取りながら自分の土俵へ導いていかなくてはいけない。そうしないと、あっという間に押し出されてしまう。

そこで必要なのが「引き込み力」。自分のテリトリーへと引き込んでこそ、自分をアピールしたり、主張したり、説得したり、反論したりできる。

そのときに、頭のよさが見えてしまう。相手の何気ない問いかけに対しどういう角度で応じ、どうアピールするか、相手の意地悪な質問をどういなすか。**相手が思いもしないような視点や考え方の切り口からボールを返せたら、このうえなく素晴らしい。**

たとえ雑談や世間話の場合でも、人があなたに話しかけてくるのはコミュニケーションを取りたいという気持ちがあるからに違いない。どんな返しをしてくるのだろう、どんな情報を教えてくれるのだろうと、相手は好奇心いっぱいに返事を待っているのだ。

そこで、相手の心を引きつける返しができれば、「ほう、そういう考え方もあるのか」「博識だな」「おもしろい人だ」と印象づけることができる。

だから、**答えるということは、決して単に受け身の行為ではなく、自分をアピールできるチャンスになる。**押されっぱなしになるのではなく、自分の考えを表明して、自分の考えを相手にわかってもらうことができる。相手の土俵に乗っかり、そのうえで自分の土俵へ引き込んで相撲を取る、その力をまとめて、私は「答え方」、あるいは「応答力」と呼ぶ。

この2STEPがカギ

「相手の土俵に乗っかる」ということは、相手の質問を受けるということだ。そこでまず大切になってくるのが、**どんな言葉で受けるかという「答えの最初のひと言」。**

そして、次に相撲を取りはじめたら、「自分の土俵へ引き込む」。この土俵とは、単に話題のネタというだけでなく、自分の持ちネタと考えればよい。自分なりの視点、切り口、つまりは**「自分のスタイルに持ち込む」**ということだ。

まとめると次の2STEPになる。

ＳＴＥＰ１「相手の土俵に乗っかる」＝「答えの最初のひと言を工夫する」
ＳＴＥＰ２「自分の土俵へ引き込む」＝「持ちネタで自分のスタイルに持ち込む」

この２ＳＴＥＰは、いつもＳＴＥＰ１の次にＳＴＥＰ２が来るというように四角四面に考える必要はない。会話は流動的なもので、しかも相手あってこそのものだ。すべて計算ずくで進めるのは不可能といえよう。

ＳＴＥＰ１で受けた後、相手の反応によってはすぐＳＴＥＰ２で自分の土俵へ引き込むことができるケースもあれば、ＳＴＥＰ１の後、数回のやり取りを経てＳＴＥＰ２へ持ち込めるケースもあるだろう。

この２ＳＴＥＰは、あくまでも会話の流れのなかでの意識しておくといいフォーマットであって、それぞれが単独で出てきてもいいし、何度出てきてもいい。仮にうまく言おうとして逆に失敗してしまった場合でも、もう一度トライすればいい。

会話は続くのだから、チャンスは何度でも来る。

今日からコミュニケーションが変わる！

ビジネスにおいて、短く答えることは重要だ。しかし、短いだけではダメだ。かといって、根拠や説明に気を取られすぎて長々と語ればよいというものでもない。短すぎず長すぎずが最適で、それを日常で実践するためのフォーマットがこの2STEPだと考えてほしい。

さて、周囲を観察していて、答え方で損していると感じるのは次のような人だ。

- **そもそも「答える」ことについて無自覚**
- **受け身でやりすごせばいいと思っている**
- **質問されて答えるとき、「自分が話す番だ」とばかりに話し続ける**
- **理由や根拠をうまく答えられず、相手にバカにされている**
- **質問に対する答えとは大きくズレているのに、答えたつもりになっている**

・雑談がつまらないと思われていることに気づいていない

あなたはどうだろう。

もちろん、会話には相手との関係性という重要なファクターがあるので、何でも正直に答えればいいというものではない。「答えないという答え方」もある（これについては終章で紹介する）。ただそれは戦略的に用いるものであって、日常の会話のほとんどは、応答しなければはじまらない。

コミュニケーションに悩んでいるのであれば、「答え方」から見直してみてはどうだろう。

本書では、日常で誰もがやっているであろう愚かな「答え方あるある」を例に挙げながら、**コミュニケーションが苦手で、即座に対応できなくて困っている人でも、簡単に身につけることができる得する答え方のノウハウ**を紹介していく。

第1章

バカと思われる答え方、思われない答え方

A

小学生レベルの感想を答える人

大事なのは「答えの最初のひと言」

一瞬でがっかりさせていないか

質問に対して、小学生のような答えしかできない人がいる。

仕事で講演会を聞きに行ったとしよう。帰社後、当然のことながら上司から「講演会はどうだった?」と問われるだろう。そのようなときに、「おもしろかったです」「楽しかったです」としか言わない。

課を代表して取引先主催のパーティに出席したような場合も、「料理がおいしかったです」「盛り上がりました」。打ち合わせへ出向けば、「うまくいったと思います」、出張から帰れば、「北海道は寒かったです」。

それしか言わないという点が、相手をがっかりさせていることに気づいていない。

小学生に遠足や運動会の作文を書かせると、「○○をしました、おもしろかったです」という具合に、見聞したことの羅列で終わることが多い。その経験から何に気づいたのか、なぜそう感じたのかを文章にしてほしいのだが、そのような視点は教えてもらわないと書けない子がほとんどだ。それと同じで、**質問されたときとっさに出やすいのがこうした主観的な感想だといえよう。**

まずはそう答えておき、続けて詳しく話そうと思っているのかもしれない。友人との他愛ない雑談なら、それでもいいだろう。だが、ビジネスの場合、「君の個人的な感想は聞いていない」と、一瞬であきれられる恐れがある。それではあまりにもったいない。

それでも心やさしい上司であれば、「で、どうおもしろかったの？」などと尋ねてくれるだろうが、本心ではおそらくその前に答えてほしいと思っているだろう。

言うまでもなく今は、ハイスピードで情報が行き交う時代だ。世の中の動きはほぼオンタイムで手元に届き、ＳＮＳでは即座に答えが返ってくる。そういう現代にビジネスの最前線で活動しているのであれば、そこに乗っかってスピードを発揮するしかない。

❖「話の方向性」をまず示す

上司からの「どうだった?」は、「きちんと報告しなさい」という意味だ。講演会で何を発見したのか、パーティの顔ぶれはどうだったのか、契約はどこまで詰められたのかといった具体的な情報を求めて聞いている。「実際に出向いた者にしかわからないから、答える側がポイントを絞りなさい」と言っているのだ。

だから、**まず答えるべきは「主観」ではなく「話の方向性」だ。**大まかでよいので、これから何について答えようとしているかの概略を示せればよい。そこでキーになるのが「答えの最初のひと言」だ。

たとえば、**「盛り上がりました」を「盛況でした」と言い換えてみる。**「盛り上がりました」は主観的だが、「盛況でした」は視点が客観的であり、巨視的といえよう。答え方をこうしたフレーズではじめてみるだけで、幼稚な印象が消え、知的に見える。逆にいえば、幼稚な感想しか言えないのは、「首尾よくまとまりました」

「盤石です」「ご立腹でした」などの短い定番フレーズ、いわゆる大人言葉を単に知らなかったり、使いこなせていないだけという可能性もある。

この「答えの最初のひと言」は、新聞記事の大見出しのようなものと考えればよい。「五輪開幕」「首脳会談成功」「ロケット打ち上げ延期」など、新聞記事は必ず内容がひと目でわかるキャッチーなフレーズではじまる。この大見出しがあるから、読者はできごとを予測しながら記事を読んでいけるのだ。

そして、このフレーズの後に、自分なりにポイントを絞った答えをコンパクトにつなげる。これが、新聞記事のリードに当たる。大見出しの後、本文に入る前に数行にまとめられている文章があるだろう。いわゆる要約だ。つまり、

「答えの最初のひと言」＝「話の方向性を示す」＋「ポイントを絞ってコンパクトにまとめる」

相手に話の枠をまず見せてあげるのが、頭のいい答え方の基本といえよう。

質問　「A社のパーティはどうだった？」
答え×「盛り上がりました～！」
答え◯「盛況でした。著名なゲストのトークコーナーもあり、例のM&Aの裏話も聞けました」

この例の答えは約5秒。報告の際の目安と覚えておくとよい。
主観だけでは幼稚。かといって、いきなり詳細な報告をはじめると、何の話をされているのか見当がつかず相手は戸惑う。こうした工夫を心掛けていると、小学生レベルの感想から抜け出すことができる。
さらに、上級編もある。**問いに対しあえてマイナスで切り込んで相手をハッとさせ、プラスの情報で盛り返す**、意表を突く「答えの最初のひと言」だ。

質問　「出張はどうだった？」

答え×「北海道は寒かったです」
答え◯「目を疑いましたよ！　地元新聞の広告が効いて、売れ筋商品の在庫がなんとギリギリでした！」

聞いたほうは、まず「一体どういうことだ？」と俄然興味を引かれる。そこで、マイナスからプラスに転じさせることで、相手をこちらのペースに引き込むことができる。答え方で得している人は、このようなことを日常的に行っているのだ。だから答えるたびに得をする。答えるということは、本来得する行為なのだ。

▼報告の「答えの最初のひと言」は5秒が目安。
▼大人言葉の最初のひと言↓「盛況でした」「盤石でした」など。
▼上級編の意表を突く最初のひと言↓「ひどいものでしたよ」「史上最悪でしたよ！」「後悔してます」「ありえないことが起こってしまいました」など。

相手が聞きたい答えからズレまくる人

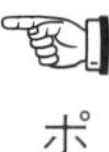

ポイントを絞るコツは二つある

独自の視点をアピールするチャンス

ビジネスシーンにおける報告や連絡の場合、「答えの最初のひと言」にどのような情報を入れ込むかが大きな差となって表れる。

自分が見聞きしたたくさんの情報のなかから、どこにポイントを絞るか。そこを間違うと、相手から「一体、何を報告しているのだ？」と思われ、マイナス評価を招く結果となってしまうわけだ。

たとえば、「展示会には何社来た？」と、上司から具体的に質問されることがあるだろう。その場合は、「20社です」と端的に答えればよいから、誰にでもできる。

だが、前項でお話ししたように、「〇〇はどうだった？」と漠然と問いを投げかけられたときに能力が表に出てしまう。

たくさんの情報のなかから、ファーストアンサーに最適な情報にポイントを絞るには、次の二つの方法を覚えておくだけでうまくいくことが多い。①「ジャンル」でシンプルに絞る方法と、②「切り口」でオリジナリティを出す方法だ。

①「ジャンル」でシンプルに絞る

これは、自分が実際に見聞きしたものから、自分が話しやすいジャンルに焦点を絞る方法だ。たとえば、数や量の多寡(たか)、規模の大小、できごとの出来不出来など、誰の目にも見える事実やことがらから選ぶ。

あるいは、質問者が聞きたがるであろう人物に関する新情報やライバル社の動向など、現場で得た情報を取り上げればよいので比較的思いつくのが簡単だ。それをきちんと答えることができれば、聞き手はまず満足する。

報告や連絡の際、「ジャンル」を絞ることに意識を向けるだけで、主観的で幼稚な感想から脱却し、聞き手が求めているような答え方ができる。

②「切り口」でオリジナリティを出す

私がおすすめしたいのは、「切り口」でポイントを絞って答える方法だ。これは「ジャンル」の上級編といえよう。

こちらは、単に目に見える事象から情報をピックアップして答えるのではなく、その人なりの独自の見方で答えを絞る。その人なりの光の当て方といってもいい。

展示会の例でいえば、次のようになる。

質問　「展示会どうだった?」
答え×「おもしろかったです」
答え○「盛況でした。グローバル化の面では、うちはやはり業界トップだと確信しました」

この場合、「グローバル化」という「切り口」で情報を絞っている。答える側に、グローバル化や海外戦略に関心がなければ、そのような視点で展示会を眺めないだろう。このように「切り口」で答えるということは、自分の得意分野に持ち込み、自分の頭で分析して浮き彫りになった事実や現象を伝えることを指す。

プレゼンの質疑応答も怖くない

周囲に、「あいつはいつもＡＩ関連に話を持っていく」という人はいないだろうか。あるいは、何でもかんでも社会福祉につなげるとか、芸術に結びつけるという人もいるのではないだろうか。

そうやって自分の得意分野に話を引き込んでいくのは、自分の土俵へ相手を引き込んでいることにほかならない。つまり、**自分の持ちネタで自分のスタイルに持ち込みながら、答えに説得力を持たせている**のだ。いつもワンパターンでおもしろくなければ、みんなにあきれられてしまうが、その得意分野の話にうなずけるところがあれば、それなりにみんなが納得するだろう。

私はこれまで、さまざまな講演会に呼ばれたが、そういう場ではたいてい最後に質疑応答の時間がある。講演内容をさらに掘り下げる鋭い質問を受けることもあるが、ときに予期せぬ質問や少々的外れな質問のケースもあり戸惑う。そのようなときどうするかというと、自分が得意とする「日本語」「話し方」といった内容に強引に引っ張り込み、答える。

自分の土俵に話を持ち込み、そこで私にしかできない視点で話を掘り下げることで、私独自の視点からの話題を提供することができると、聞き手も満足してくれる。ビジネスのプレゼンの場などでも、同じことがいえるだろう。自分の得意分野に引きつけて答えることが、アピールにつながるのだ。

一尋ねて一答えてもらうのは、相手は当たり前だと思っている。しかし、**一尋ねて意外な「切り口」から答えをもらうと、相手は「得した」と思うものだ。**相手が得だと感じるのだから、そう思わせた答えた側はもっと得をする。うまく答えただけで、「なかなか鋭いじゃないか」「おもしろいことを言う人間だ」と、思わせることができるのだ。

「切り口」は無数に存在する。そのどれに焦点を当てるかで、答えの質は大きく変わる。ただ、「切り口」があまりにも偏った目線だったり、独創的すぎると、「聞きたいのはそういうことではないのだが……」と相手を困惑させてしまうので注意が必要だ。

▼どんな質問も自分の持ちネタに引き寄せれば、的確な答え方ができる。
▼シンプルな「ジャンル」答え↓オリジナリティあふれる「切り口」答えへ。

一問一答で会話が続かない人

具体には抽象、抽象には具体で返す

短ければいいわけではない

「会話を広げるのが苦手」という人は少なくないだろう。そういう人は、えてして生真面目でいい人だ。だから、**相手が問うていることに忠実に答えなければいけないと考え、正しい情報を端的に伝えるのがベストだと思い込んでいる。**

あるいは、相手が目上で緊張するような場だと、返事をするのが精一杯ということもある。そうすると、何を言えば当たり障りなくやりすごせるだろうかと考えてしまい、その場の会話がギクシャクしてしまう。たとえば、次のようなやり取りだ。

相手「昨日の会議、結局どれくらいかかった?」

自分「フツーにいつも通りでした」
相手「そう。じゃあ、1時間くらい？」
自分「そうです」
相手「でも例の案件はまた解決しなかったんでしょう？」
自分「しませんでした」

取りつく島もないというのは、こういうことだ。本人は、相手の質問に答えているつもりなのだろうが、これでは「自分が欠席した昨日の会議の様子を教えてよ」という要望には応えられていない。

だが、私も人のことを笑えない。何十年も前の話になるが、就職活動で50社ほど受けて1社も内定をもらえなかった。**今思い返せば、私の会話はほとんど一問一答だった。**何を聞かれてもひと言で返す私は、面接官からすると生意気に見えたことだろう。しかし私は、聞かれたことに端的に答えることが大事だと思い込んでいた。

そして、単に面接官と自分の相性が悪かったのだ、あちらが私の実力を見誤っているのだと都合よく解釈していた。

❖相手が想定している話の「階層」を判断する

コミュニケーションは互いの理解のためにある。では、理解し合える会話とはどういうものかというと、相手がどのように答えてほしいと考えているのかを、やり取りをしながら察することができている状態を指す。

そこに誤差や不足があると、会話がギクシャクして停滞してしまう。話していても必要な情報をやり取りできているとは思えない。結果として、相手からあまり頭がよくない人だとか、つきあいづらい人だとか思われてしまうわけだ。

よく電車などで、ただ具象を言い合う会話を耳にする。「私、先週○○に行ったんだ」「私は□□に行ったよ」「そういえば△△を買った」「私も買ったよ。あれいいよね」「いいよね」という具合に、自分たちの経験をひたすら言い合い共感し合っている。

会話の中身が深まっていくことはないのだが、雑談には会話を途切れさせないことが重要だという面もあるのだろう。プライベートなら別にこれでもかまわない。だが、ビジネスにおいてこの調子では愚かだと思われるのは間違いない。

会話を発展させていくには、相手が具体的なことがらを話題に出したら、抽象的なことがらを思い浮かべて返す。反対に、相手が抽象的なことがらを話題に出したら、具体的なことがらを思い浮かべて返す。そういうふうに、**相手の質問の「階層」を想像する視点が必要だ。**

たとえば、先ほど例に挙げた「昨日の会議、どれくらいかかった？」という質問には、単に会議の時間を聞きたいのではなく、言葉の裏に最近の会議に対する批判が潜んでいるのかもしれない。そのことを想像できれば、

質問「昨日の会議、どれくらいかかった？」（具体）
答え「１時間でしたけど、週一定例会議はもう見直す時期に来ていますね」（抽象）

と返すことができる。具体的な問いを抽象的に返せれば、会話は冒頭の例とは異

なる展開を見せるはずなのだ。逆に、質問が抽象的である場合、

質問「週一定例会議って、もう見直す時期に来てると思わない？」（抽象）
答え「先週は2時間もかかりましたからね、フェイスブックでシェアすればものの1分で終わることですよ」（具体）

という返事が来れば、質問したほうはカンのいいヤツだと感じるだろう。

つまり、相手は具体的なことがらを挙げたら、聞き手には抽象化して聞いてほしいと思っている。そして、抽象化して言ったら、具体的なことを思い浮かべてほしいと思っている。

だから、**具体↓抽象、抽象↓具体というやり取りができているとき、互いに「理解し合えた」と感じる。**

頭のいい人は相手の顔を見ながら、どれくらい具体的にあるいは抽象的に理解し

ているかを判断している。そして、相手が話しやすい「階層」に下りてきて、相手に受け入れられやすい答え方をする。具体的でなければ無理であろうと踏んだら、相手に合った領域で対応する幅の広さがあるのだ。

本物の教養とは、そういうものだ。

そうとも知らず、冒頭のような一問一答を繰り返しているとバカと思われても仕方がないだろう。

一問一答になりがちな人は、相手がどういう「階層」で会話をしているのかを気にかけてみるといい。相手が具体的に言ったら、そこから発想して**「○○ということも考えられますね」**とまず同階層のものを提示し、次にそれに対して**「こんな例もありますね」**などと返してみる。

相手が抽象的に問いかけてきて、真意をつかみ切れないと感じたら、**「もうすこし詳しくお話ししてもらえますか」**とソフトに聞き返すのもいいだろう。

要するに、理解し合うためのヒントを得る工夫をすればいいのだ。答え方がわかると、会話を前へ進める推進力が備わってくる。

▼相手が具体的に言ったら↓「○○ということも考えられますね」とまず同じタイプの例を確認して、「私は○○と思う」と考えを述べる。

▼相手が抽象的に言って真意がつかめず不安なら↓「もうすこし例を挙げていただけますか？」と質問を返す。

強気の相手にすぐひるんでしまう人

相手のワードを利用して土俵に乗っかる

お手本は「シャンシャン返し」

会議やプレゼンなど人前で質問を受けた場合、答えないわけにいかない。そのような状況で**一番愚かに見えるのは、「ぼやかし答え」**だろう。もちろん、戦略的に「答えない答え方」を取る方法もあるのだが、まずは正攻法をおさえたい。

時を少々さかのぼるが、2017年10月の衆議院選挙特番における、池上彰氏と小泉進次郎氏のやり取りを覚えておいでだろうか。「人寄せパンダ」の件といえば、思い出される方も少なくないだろう。

池上氏の番組に、当選確実となった小泉氏が現場中継で出演した際のことだ。池上氏が「当選確実ということで、おめでとうございます」とねぎらい、小泉氏が

「ありがとうございます」と答えるところまでは、いわば社交辞令。そこからの会話が、その後、非常に注目を集めた。

池上氏「今回、全国を（応援演説で）回り、自分の選挙区に足を踏み入れることができなかった、そのことにイラ立ち、焦りはあったんですか」
小泉氏「可能だったらずっと地元、横須賀、三浦にいたいですね」
池上氏「うん、それなのに、なんでこんなに人寄せパンダに使われるんだという思いはあったでしょう?」
小泉氏「まあ、パンダだったら客は呼べないより呼んだほうがいいから（笑）。そこはしっかりと、香香（シャンシャン）（上野動物園のパンダ）に負けずに、役割を果たします」

こう返した。池上氏が皮肉を込めて「人寄せパンダ」と言ったのに対し、小泉氏はその土俵に乗っかったわけだ。しかし、池上氏も負けじと、池上氏「こうやって『シャン』と答える」

　と返すと、小泉氏はさらに当意即妙に、

小泉氏「ここで、『シャンシャン』と終わらせないでくださいよ」

　と切り返したのだ。スタジオの共演者が「あ、また返してきた！」と驚いていた。暗に「あなたは単なる人寄せパンダにすぎない」という池上氏の発言を甘んじて受け、しかもパンダにも意義があるではないかときっちり反論している。多くの視聴者は、小泉氏が一連の返答で池上氏をやり込めたと受け止め、うまい返しだと感嘆したことだろう。

軽んじられない答え方を身につける

　相手にちょっと強い態度で出られると、すぐにひるんで縮こまる人がいる。相手が意地悪で言っているのがわかっていても、うまく返す術を知らず、ただ黙っている。だが、何も言わずにいると、あいつは与しやすいヤツだと軽んじられるだろう。

そういうとき、相手が発した言葉をうまく利用すれば、相手の土俵に手っ取り早く乗っかれる。「パンダ」のように、**相手の質問のなかに答え方のヒントがある。**

そのワードにまず乗っかってしまえば、少なくともひるんだ印象は持たれないであろう。相手が意地悪や皮肉を込めて言ったかもしれない言葉を平然と用いることで、「あなたの言いたいことはわかっていますよ」と示せる。うまくいけば、小泉氏のようにそれを逆手に取って強気に出ることもできる。

コミュニケーションにおいて大切なのは、質問の意図を正確に理解することだ。そこを捉え間違うと、とんちんかんな返しになったり、一返しで終わってしまったりする。**そのためには、質問をよく聞かなければならない。**

言葉面だけでなく、相手が本当に言いたいことまで聞き取れれば、相手の出方によって受け方の塩梅をこちらで操作できる。

もちろん、小泉進次郎氏はコミュニケーションの達人なので、誰もがすぐにこのレベルの当意即妙を身につけられるものではない。しかし、その態度を見倣うことは大事だと私は思う。

▼「相手の印象的なワード」をよく聞き取って自分の立ち位置を調整。

「もうわかった」という顔をしても、まだ答え続ける人

「結論」から答える「頭括型」を活用

誰でもついやっている可能性が

何気なく問いかけたことに対し、「そもそも」から返されて困惑した経験はないだろうか。たとえば、暴風雨のなか外出から帰ってきた同僚に「電車は大丈夫だった?」と尋ねたとする。こちらとしては、帰り着くまでに電車の遅れやターミナル駅での混乱はなかったかということを知りたいわけだ。

だから、「予定通りに戻れたよ。新宿駅のホームは混雑してたけど、○○線は定刻で動いてたから」と言えば、聞いたほうはそれで十分に満足する。仮に災難に遭った場合は、「最悪!! パンツまでビショビショ。でも予定通りに戻れたよ」とユーモアを交えて悲惨さをアピールする手もある。

ところが、こうした問いかけに、「暴風雨が一番激しかった4時頃、ちょうど千葉にいたんだよね。駅の掲示板に30分の遅れとか表示が出てたから焦ってさ〜。でも用事が早めに終わったから、とりあえず駅前の喫茶店で嵐が過ぎ去るのを待って駅に行ったら、ちょうど電車が動き出したんだよね。それで……」などと、長々と話し続ける人がいる。

こちらが「もうわかった」という表情をあからさまに見せても、まったく気づかない。この手の答え方をする人間が、誰の周辺にもいるはずだ。職場の隣の席にいるという人も、家族や恋人がまさにそうだという人もいるだろう。そして、自分自身がやっている可能性もある。

聞き手を困惑させないためには、**結論から言う「頭括型」と呼ばれる答え方**を身につけるべきだろう。

時系列語りは「かったるい」!?

今、小説や映画、漫画などの時間軸は、映画「君の名は。」に象徴されるようにパラレルが主流になっているようだ。村上春樹の小説もパラレルワールドものが多い。現在と過去が交差したり、現在と並行したりして別次元の物語が進行する。展開が速く、最後まで待たなくても次々と見どころが押し寄せる。

一方、昔の作品は、主人公の幼少期から一生を追う大河型が主流だった。こちらは、読者や観客が感情移入しやすいのが魅力で、今ももちろん支持を得ている。だが、ハイスピードで移りゆく社会においては、時系列的物語が時代の最先端から外れつつあるといえそうだ。日常の会話でも、時間順になりたちから話をするのは、多くの人に「かったるい」と思われてしまいかねない時代になっている。

報告や連絡の場合は先にお話ししたように、「答えの最初のひと言」＝「話の方向性を示す」＋「ポイントを絞ってコンパクトにまとめる」というやり方で答えるのがよいだろう。

一方、**結論をより明確に示す必要があるのは、自分の意見を求められたときの答え方だ。**①自分の立場が決まっているとき、②自分の意見がまとまっていないとき、この二つのケースに分けて覚えておくとよい。

①賛成か反対かどちらかに意見が決まっている場合

「賛成（反対）です。なぜなら……」と、立場を明らかにしたうえに、そう考える理由をつけ足す。この賛成・反対の答えが抜けていると、いくらいろいろ説明しても、「あいつはグズグズと何を言っているのかわからない」と思われてしまう。

②態度を未だ決めかねている場合

「問題点を整理中」「検討中」「調査中」などと答える。この「中」がポイントになる。いついつまでに返答するというふうに付け加えると、さらに信頼感が増す。

結論から答えることの大切さを知っている人は多い。だが、答え方を知らない人も驚くほど多く、結局、「結論から言いますと……」と答えたもののダラダラ、グズグズと話し続ける。鋭い考えを持っていても、うまく答えられなければアピールチャンスを逃してしまう。

▼結論が決まっている場合↓「賛成（反対）です。なぜなら……」

▼結論が決まっていない場合↓「問題点を整理中」「検討中」

「立て板に水」で知性をアピールしているつもりの人

答えの持ち時間は最長1分

◆上司の話はなぜ飽き飽きされやすいのか

人から何か問われると、立て板に水で知識を披露する人がいる。自分は、どんなことにも的確に対応できる知性と情報を備え持っている。全方位万全だ。そう思っている。

そういう答え方をしている人の話は相手にとって退屈なことがほとんどなのだが、当の本人はそれにまったく気づいていない。いや、気づかないどころか、**自分の答えが大いに人の役に立つと思い込んでいる。**

とくにこうした状況が起こりやすいのは、部下の問いかけに上司が答えるときだ。

確かに、部下は上司の話を黙って聞くものであろう。また、上司というものは部下よりも経験が多く見識も深いのだから、いろいろな話を聞かせてやらなければならない役目もある。そこが落とし穴になる。

たとえば、若手社員がベテラン社員に「先輩は、どうして同時進行でたくさんの仕事をこなせるんですか？」と聞いたとしよう。すると、立て板に水の人はチャンスとばかりに、自分が入社以来どのような現場で活躍し、どんなピンチをどんな工夫で切り抜け、どんな経験を積んできたのかという聞かれてもいないエピソードを大放出してしまう。

そして、調子づいてくると、**誰もが知っていることを博識ぶって披露し、相手を困らせたり不愉快にさせたりしている**のに気づかなかったりする。

若手が途中で飽きて、ただうなずいているだけという状況になっているのを察知することもできない。

◆質問は「あなたが話す番」のサインではない

こういう状態に陥ると、実のある話をしていても誰も聞いてくれなくなる。そうなる前に、答え方を見直さなければならない。

人から質問を受けたとき、自分に発言タイムが与えられた、自分の番が来たと有頂天になるから油断が生じるのだ。一対一での会話も、多数の対話でも、一人の人間が答える権利をキープできるということはない。一人が話し続けるとしたら、それは会話ではなく独白だ。

相手よりも自分の立場が上だとしても、相手が問うていることに対して長々と持論を展開するだけでは、相手は間違いなく「自分はバカにされている」と感じる。指導や教育のつもりでやっていたとしても、相手の質問に的確に返せないのであれば、それは愚かな行為だ。

部下に、どうして同時進行で仕事を処理できるのかと聞かれたら、セオリーとしてはまず相手の問いに乗っかることだ。

たとえば、**「君が一本立ちしたからこその悩みだね」**と乗っかったうえでなら、自分の土俵へ話を持ち込んでもよいだろう。

ただし、**答えの持ち時間は最長1分**と心得ておく。それ以上は、相手にとってい。

「長すぎる答え」で、聞いてもらえている可能性は少ないと思っておいたほうがい

　その答えを受けて、まだ知りたいことがあれば、相手がまた聞き返してくれる。そうしたら、また答える。その繰り返しで会話が深まり、互いにとって意味のあるものになっていく。**会話とは、相手がわかっていないときにそれを補足するもの**だということを覚えておこう。

　そうすれば、嫌われる上司にならずにすむだろう。異性からの好感度も上がるだろう。家族の評価も変わるかもしれない。

　ただ、自分が立て板に水で答えていると、相手が飽き飽きしていることに気づきにくいのが問題だ。自分で自覚できた場合は、**「長々話しちゃったけど」と途中で戻る**ことを心掛ける。

　上司など身近な人間がこのタイプならば反面教師にし、それに対して常に冷静かつ論理的に答えてみせるようにしよう。そのうち相手のほうが、その知的な答え方に気づき、あなたに一目置くようになるだろう。

▼「立て板に水」で答えていると自覚したら、「長々と話しちゃったけど、最初の質問は○○でしたね」「ちょっと余計な話をしてしまいましたね」のフレーズで、戻る。

「なぜそう思うの?」と聞かれると沈黙してしまう人

根拠を示す三段階テクニック

「なんとなく」は愚かな答えの代表

「なぜそう思うの?」と聞かれて、「なんとなく……」と答えてしまった経験は、誰にも一度や二度はあるだろう。だが、自分が発言したことの理由を答えられなかったり、相手が納得できるように説明できなければ、私はバカですと自分から世間に言いふらしているようなものだ。

「なんとなく……」という答えに納得がいかず、さらに「その理由は?」と重ねて問うと「そう思うからそうなんだ」と怒り出したり、「わからないかなぁ?」と逆に小バカにする態度を取るような人がいる。結局のところ、**自分の答えの根拠を言えないことをごまかしているに**すぎない。

小論文の指導をしていても、似たようなことがよくある。たとえば、「大学の学園祭でお酒を出すことの是非」がテーマだとする。イエスと答えるなら「お酒を介して来場者と交流できる」など、ノーと答えるなら「学生のなかには未成年もいるのだから風紀が乱れる」など、さまざまな根拠が考えられる。

だが、イエスでもノーでも、「なんとなくいいと思う」「なんとなくよくないと思う」ということを書く学生が必ず出てくる。「よくない」と考える学生に掘り下げて考えさせようと、「なぜ、なんとなくよくないと思うのか?」と尋ねると、「酔っぱらう人が出るから」と答える。

では、「酔っぱらうのは、なぜいけないのか?」と重ねて問うと、「よくないことだと思うから」と、堂々巡りになってしまう。これでは、「なぜよくないのか?」の問いかけに答えたことにはならない。

「そもそも」から論理的に考えてみる

自分の主張に対する根拠を述べることができなければ、小論文で合格点を取ることはできない。それと同じように、**発言に対する根拠があやふやな人は日常的に自分の評価を落とし続けている。**

そんな人は、根拠を知的に伝えるために、「そもそも三段論法」で答えるようにするとよい。

「そもそも三段論法」とは、次のような思考法だ。

①「そもそも○○はこうあるべきだ」と理想を述べ、
②次に「ところが△△はこうだ」と現状を分析し、
③最後に「だから、△△はよい（よくない）」と結論をまとめる。

たとえば、格安衣料系の会社で「今後、自社商品はシニア路線に変更」という議題が上がったとする。それに反対ならば、

①そもそも格安衣料業界は、全世代に向けて商品を提供すべきだ。

②だが、今我が社では、高齢化社会に備えるという名目で子ども用衣料の開発をおざなりにしているために、シェアはますます縮小傾向にある。
③だから、私はシニア路線変更に反対だ。

と根拠と結論をキッパリと述べる。賛成であれば、賛成の立場の三段論法で考えてみる。

頭のいい人は、相手の答えの裏に根拠があるかどうかをはかりながら話を聞いている。根拠を考えた形跡があるか、単に感覚だけで言っているのか。それがわかるから、根拠がなさそうであれば言いくるめることも簡単にできてしまう。根拠を聞かれて沈黙してしまう人は、もしかしたら、知らず知らずに説得されているかもしれないのだ。

「それってどうして?」と聞かれているのに同じ答えを繰り返したり、「だって、○○じゃん?」という返しでその場しのぎをしてきた人は、自分の意見を深めるための思考トレーニングをしてみるといい。スマートに根拠を口にできるようになる。

▼「そもそも三段論法」で根拠と結論を述べる。

▼「そもそも三段論法」をうまくまとめるコツは、①「そもそも○○はこうあるべきだ」で、誰もが納得する「理想」を述べること。

「ビミョーですねぇ」を繰り返す人

思考をうながすワードを知っておく

口癖で知的に見せる

何を尋ねても、「ビミョーですねぇ」一点張りの人がいる。

どちらとも言えない、言いたくないという状況は現実にある。相手に合わせて、「うーん、ビミョーなんですよね」「そう、ビミョーでね」「ええ、とにかく、ビミョーだから……」と、時間稼ぎしているうちに、相手が何か言ってくれるのを待っているというようなことも確かにある。

また、「ビミョー」が返答の標準スタイルになっているという若い年代もいるようだ。**はっきり主張するよりもむしろぼやかしていたい**という気持ちの表れなのだろう。

「悩ましい問題です」も同じようなタイプの答えで、つまり、どちらも引き延ばしや一時しのぎの術。これらを戦略的に使うならいいが、うまく答えられないことが多くて口癖になっているのであれば実にもったいない話だ。「ビミョー」「悩ましい」を繰り返す数秒をムダにしているとしか思えない。

そこで、**これらに代わる口癖を身につける**ことをおすすめする。

まずは、**比較のワード**だ。「長期的には○○だけど、短期的には□□だ」「○○という利益が生まれるが、□□という不利益も生じる」「我が社的には○○だが、競合社にとっては□□だろう」「国内市場では○○でも、世界市場で見ると□□になる」など、あるできごとを相反する視点から分析するワードを使ってみる。そうすると、質問に対してはっきり答えていないにもかかわらず、広い視野で見ていることを相手にアピールできる。

次は、**根拠のワード**、「根拠は三つあると考えられます」。そう言って、「まず一つは……」ではじめてみる。文章と異なり日常会話は、最初に「三つ」と言って本当に「三つ」言わなくてもバレないことが多い。会話は流れていくものだからだ。

もしも「今まで二つ聞いたけど三つ目は？」と突っ込んでくる人がいたら、それはものすごく知的か、とても意地悪かのどちらかだ。

また、「どういうことが考えられるかなぁ」「何があるかなぁ」と**共有のワード**で答えてみるのもいい。相手と一緒に考えることができ、会話が生産的になる。うまくいけば、相手がヒントを思いつくこともあるだろう。戦略的にいえば、もちろん考えるフリをしてみるだけでもいいのだ。

❖使いこなすうち、本当に鋭い答えが！

答えに困ったときこそ、**「答えの最初のひと言」にこれらの「思考をうながすワード」を持ってくる。**「ビミョー」「悩ましい」よりは、明らかに相手の問いに乗っかっていくスタンスを見せる。

そして、本当は答える内容が決まっていなくても、先にこう言ってしまうことで、何かしら自分なりの解釈や考えが浮かんでくるものなのだ。

さらに、この方法を実践していると、不思議なことに本当に頭のいい答え方ができるようになる。これは文章にもいえることなのだが、型を覚えて実際に使って書いてみると、その型に合わせて思考できるようになる。だから、**「ビミョー」の代わりにこれらのワードを使えば使うほど思考力が養われ、論理的になり、伝わりやすくなる。**何より、非常に頭がよく見える。

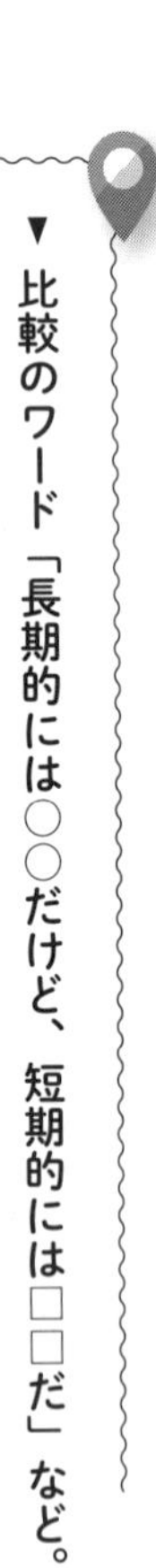

▼ 比較のワード「長期的には○○だけど、短期的には□□だ」など。
▼ 根拠のワード「理由は三つあると考えられます」など。
▼ 共有のワード「どういうことが考えられるかなぁ」「何があるかなぁ」など。

データしか示さない人

「事実」には「解釈」を添える

その「答え方」では伝わらない

何か尋ねると、事実だけを述べて返す人がいる。

たとえば、課内の経費削減をはかるため上司がコスト分析を指示したとしよう。すると、「今年は交際費が前年度比200％でした」とだけ答える。そして、「ちなみに○○費は□□％、△△費は□□％……」と、延々とデータを読み上げ、それで十分に答えた気になっている。ひどい場合は、エクセルデータだけをメールに添付してよこす。

データに強いと、論理的で合理的、感情に流されない知性派っぽく見える。当の本人もそう思っているのだろう。私が勤めていた大学にはそのタイプの教授が何人かいた。会議の席などで、自分の主張の裏付けとしてびっしりと数字が並ぶエクセルデータを見せたりする。私ははじめてそのデータを見せられて数字の意味を読み取れずに焦りながら、「こんな数字も読み取れないのか」と言わんばかりの蔑みの視線を感じることがしばしばあった。

だが、**数字にはさまざまな読みが可能だ。**言葉を用いて、そのデータの読みを説明してもらわないことには、聞いているほうが理解できるわけがない。

交際費が前年度比200%という事実は、一体何を示しているのか。昨年に比べて今年は営業担当者を増やしたから許容範囲と捉えるのか、個人枠など上限を決めて課全体として引き締めるべきなのか、ほかに問題がありそうな経費はないのか、あるとしたら何が問題なのか。そうしたことを皆が理解できる言葉にして答えなければならない。

データを生きた情報に変えるには

データというものは、それだけではただの数字であり事実にすぎない。本来、何か主張したいことの裏付けや根拠として用いるものであって、事実だけを述べても多くの場合、十分に答えたことにはならない。**相手がデータを求めているということは、「その結果についてあなたはどう考えていますか？」という問いかけをしているのだ。**

だから、数字に強いというのは、データをもとに自分なりの解釈を導き出せる人のことを指す。

近年、教育の世界でもデータがさかんに用いられている。大学入試でも難関校ほど、**複数のデータを提示し、それをもとに自分なりの解釈を記述させる試験が頻出している。**入試も設問に対する答え方を見るものだ。つまり、社会全体が単に数字にだけ注目するデータ主義ではなく、データを解釈できる人間を求める流れに変化してきているということであろう。

さて、自分がデータ主義に陥った答え方をしていると気づいた人は、自分の解釈を添えて答えるよう工夫をしていくことが大切だ。たとえば、「このデータは一見、このようなことを示しているように見えますが、ほかの部分に目をやると、そう単純には言えないことがわかります。つまり、このデータが示しているのは……」などと言えないかを考えてみる。そうすれば、データだけでは不十分であり、言葉を通してこそ、より深くデータを利用できると納得できるだろう。

直属の上司がデータ主義ならば、そのデータをもとにうまく解釈をしてみせ、ギャフンと言わせてやろう。

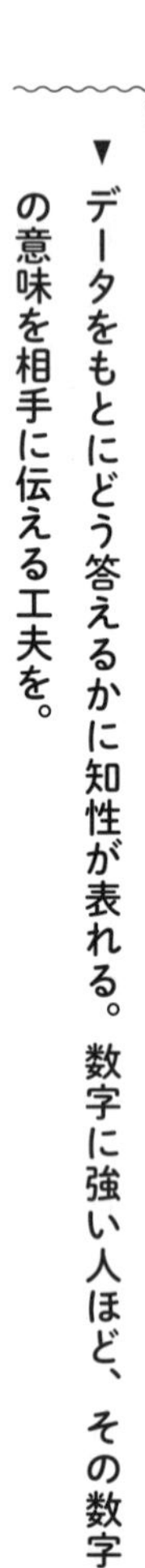

▼データをもとにどう答えるかに知性が表れる。数字に強い人ほど、その数字の意味を相手に伝える工夫を。

狭い視野でものごとを決めつける人

価値観の外に出てみる

ワンパターン発想で答えていないか？

たとえば、「キャリアアップセミナーに通おうと思っているんだ」と言えば、「高いんじゃない、いくら？」と返してくる。言ったほうは、そのセミナーを選んだ理由や目指していることなど、もっと違うことを尋ねてほしいと思っているのだが、この種の人は、「そのセミナーはコスパが悪いね」などと自分の興味の範疇で話題を進めようとするからたちが悪い。

またほかの誰かが、「こないだ買った○○社の家庭用プロジェクターが優秀だよ」と言うと、「□□社のほうが断然安いよ」と返す。

誰もがものの値段に一番の価値を置いているわけではないのに、結局、何でもお金の話として受け取るわけだ。そして、「あの人はいつもお金のことしか答えない」などと揶揄(やゆ)されていることにも気づかない。

このように、**自分の価値観だけで世の中のあらゆることを判断している人がいる。**当然、話は広がらないであろう。相手はホームシアターを自慢したくて話しかけているのに、自慢できずじまいだ。本当は、単にプロジェクターを自慢したいだけでなく、映画の話をしたかったのかもしれない。だが、そうした願望は相手の答えによって一刀両断されてしまうわけだ。

価値観というもの自体は、人間に必要なものだ。価値観が曖昧な人は、ものごとの判断がつかない。そうなると頼るものがないので、他人の尺度を当てにする以外ない。そのような人は、地に足がついていない印象がある。価値観が定まらないということは、生き方が定まっていないということだからだ。いつも曖昧に「どうだろうねぇ」などと答えている人は信頼されないし、知的だとも思われない。

しかし、だからといって、自分の価値観だけであらゆることを判断していると間違いなくバカだと思われる。**非常に狭い視野でしか世の中を見ていない**ことが、言葉の端々に表れてしまうからだ。

たとえば、何十歳も年が離れた男性と若い女性が結婚したと聞けば、「財産目当てだろう」と断じる。社会人入試で大学院へ進み学び直そうとしている人を「一般社会では使いものにならなかったから、名誉がほしいと思っているんだろう」、人権運動や動物保護の活動に勤しむ人を見ると、「就活で活かそうとしているだけだろう」と決めつける。

年が離れた男女の愛は存在するであろう。大学で学び直すことが名声に直結するということもなかろう。誰もが一般企業への就職が最善と考えているわけではないのではないか。

だが、狭い視野でものごとを決めつけるのが癖になっている人は、自分とは異なる考え方の人間がいるとは考えない。そして、「私は失敗を繰り返す人間は信用しない」「1分でも遅刻をする人間とは仕事はしない」「SNSを活用しない人間とは親しくなる価値もない」などと、傲慢さを肥大化させていく。それに反比例して人間的な許容量や魅力はますますなくなっていくだろう。

身についてしまった価値観を根っこから変えるのは難しいことだが、まずは答え方から直していけばいい。**「受け」のコミュニケーションだからこそ、やりやすい面もある。**

相手の発言や質問のなかに、自分の考え方とは異なる要素を見つけたとき、つまり、「それ違うだろ」「間違ってる」などと感じたときに、**あえて同意して返し、同意のスタンスで会話を続けてみる。**一度、自分の価値観を捨ててみると、未知の価値観を受け入れやすくなる。難しく考える必要はない。「そういう人になってみた」という気軽さで臨んでみる。

また、さまざまな文学や芸術で多様な価値観に触れてみる、話が合わなさそうな人と会話をしてみてつまらない理由が何なのか探ってみる、といった方法も有効であろう。

難しい話をしたわけでもないのに、頭がいいなと感じる人と、こいつバカだなと感じる人がいる。たとえプロ野球の話をしていても、知性を感じさせる人はいるものだ。そういう人は、多様な価値観を認める器の広さがある。だから、ちょっとした答えにも知性とその人らしい魅力があふれてしまうものなのだ。

相手の質問に対していつも同じような答えを返している人は、周囲の人がどんな返事をしているか、観察してみるとよい。そして、価値観の外に出てみることをおすすめする。

▼相手の発言のなかに自分とは異なる要素を見つけたとき、あえて同意して返し、自分の価値観を捨ててみるトレーニングを。

自分の不備をうまくごまかせない人

催促を切り抜ける奥の手

質問された「あれ」がわからない！

「あれ、どんな感じになってますか？」と聞かれて、「あれ」が何を指すのかわからないときがある。大学で仕事をしている頃はとくにそういうことが多かった。いろいろな学務・教務の案件が同時進行しているので、一人の同僚や学生から**「あれ」と問われても、「どの〝あれ〟だっけ？」となる。**

上司の立場にある人の多くも似たようなものだろう。そもそも上司は、部下の仕事をすべて把握しているわけではない。大きな声では言えないが、うっかり忘れていることも多々あるはずだ。

向こうから催促されて、すぐに何の案件について問われているのか思い出せれば問題ないのだが、忘れていたことを悟られぬよう、うまくごまかして答える必要がある。そこで、「ああ、あれね、明日までに判断するんだったね」「もちろんやってるよ」と、相手を安心させる言い回しを工夫する。

だが、相手から催促されても、相手の言う「あれ」が思い出せない場合はどうするか。「ああ、あれね」とわかったような素振りで受けておいて、「あれ」が何なのかを突き止めなくてはならない。

このとき、**「君のほうは何か変化あった？」と相手に水を向けてみる**のが有効だ。要は「何かヒントをちょうだい」ということなのだが、相手から情報を得られればたいていは思い出せるだろう。それでもわからないときは、「どの問題のことを聞いている？」と質問側にまわる。いかにも「わかってはいるんだよ、ただ優先順位がどうだったかな？」というスタンスを取れる。

上司のキャラによっては「あれって何だっけ？」と率直に聞ける場合もあるだろうが、間違いなく部下は「忘れてたんだ……」とショックを受ける。大事な案件であればあるほど、そのショックは不信感に転じる。

もちろん、「こっちは忙しいんだ」「わかってるよ」などと、相手が目下だからといって傲慢な態度や言葉で答えていると、信頼を得られないのは言うまでもない。

◆不用意に答えて相手の機嫌をそこねない

では、自分が部下の立場で、上司から「あれ、どうなった?」と聞かれた場合はどうだろう。これはすでに催促だから、こう声を掛けてくる時点ですでに不機嫌である可能性が高い。対応が遅いことや報告がないことを不満に思っているのだろう。

やっていれば問題はあるまい。「もちろん、担当者には連絡済みです」と答えた後、「午後、○○社の件と併せてご報告しようと思っていました」と言えば納得してくれるだろう。

しかしここでも問題なのは、「あれ」が何を指すのか明確ではない場合だ。なかには、自分の言う「あれ」がわかるかどうかを試そうとする意地悪な上司もいる。しかも、上司の頭のなかにはいくつかの「あれ」があり、優先順位もある。

こういうときは、「あれ」を当てに行こうとせず、「どれも全部大事だから、今がんばっていますが？」という方向で答えるのがベストだ。相手の頭のなかの優先順位を否定してはいけない。だが、それに合わせるのではなく、**今与えられている仕事はどれも同等で、どれも無視できないというスタンスを取る。**

そのうえで、「○○は済みました。△△は□□と並行して進めています。すべて終えしだい、またご報告します」と答えるのがベストだろう。

立場はどうあれ、自分側にちょっとした不備がある状況で相手から「あれ、どうなった？」と催促を受けたとき、不用意に答えて相手の機嫌をそこねたり、相手に不信感を抱かせてしまう人は愚かとしか言いようがない。

言うまでもなく、一番ダメなのは感情的になることであろう。だが、日常のなかでこうした状況をあらかじめ想定し、**答え方を意識してみるだけで、ピンチは簡単に切り抜けられる。**それを意識しないがために小さなトラブルが絶えない人は、非常に損をしているといえよう。

極端な話、相手の言う「あれ」がわからなくても、答えに説得力があれば人はしようがないなという気持ちになるものだ。だが、相手が期待していたよりもバカだったとわかったときに、人はがっかりする。

もちろん、家族との間でもこうしたことは頻繁に起こるだろう。「旅行の手配はできているの？」「先週伝えた件、やってくれているの？」と聞かれて自分に不備がある場合、まずは「もちろん、やっているよ」と答えた後、「言ったつもりになっていた、ごめんね」と付け加えればごまかせる。

▼相手が指す「あれ」が何だかわからないときもすぐ降参せずに、質問をうまく使って平静を保つ。

第2章

信頼を勝ち取れない答え方、勝ち取れる答え方

面接でダラダラと苦労話をしてしまう人

エピソードでは「能力」をアピールする

❖なぜ面接官の興味を引けないのか

自分を売り込まなければならない、ここぞというときがある。その代表が面接だろう。**面接は、基本的に面接官から質問されたことに答える形で進行する。だから、まさに答え方が勝負になる。**

就職や転職の面接を例に取ってみよう。この手の面接で聞かれることにあまり違いはなく、質問内容は大きく分けて自己PR系と志望動機系。つまり、「あなたにはどんな能力がありますか?」と「どうして弊社を志望したのですか?」だ。

この二つの問いにうまく答えるため、対策本やセミナーで勉強する人は多い。だから、皆同じような答えになってしまう。私もかつて大学の入試面接を行っていたが、マニュアル通りの答えのオンパレードで、がっかりする答えも少なくなかった。

就活で問われる頻度が高いのが、「これまでどんなことに打ち込んできましたか？」という過去の経験に関する質問だ。この質問で面接官が知りたいのは、その経験をもとにどんな力を磨き、それを我が社で将来どう活かしたいと考えているかということにほかならない。

だが、過去の経験を話すうち苦労話になってしまうパターンが実に多いのだ。サークルでボランティアに取り組んでいたという話をはじめたはいいが、「あるとき人間関係の問題が起きたんですよ。あのときは本当に大変で……。でも、自分が間に入って収めることができたんです」といった**エピソードの披露で終わってしまう。しかも、それをダラダラと語る。**

転職組も似たようなものだと、企業の面接担当者から聞いたことがある。

専門スキルについて知りたくて、「これまでの職歴について聞かせてください」と問うと、過去の肩書を羅列する。そういう肩書を得てきた経験があるから、自分は有能なのだと言わんばかりの話しぶりなのだという。

つまり、面接ではじかれる多くの人が、まず相手の土俵に乗っかれていない。「答えの最初のひと言」で面接官の心をぐっとつかむようなことはもちろんできないし、せっかくおもしろいエピソードを持っていたとしても、それをうまく使って自分の土俵へ引き込むこともできない。答え方で損をしているのだ。

さらなる質問を誘発させるコツ

では、どういう答え方を目指すといいのか。人気企業であれば、面接官は何百という人間を面接する。記憶に残りたければ、ありのままの自分をありのままに語っていたのではダメだ。そこで、打ち込んできたことや実績を尋ねられたとき、次の△のように答えがちなところを○程度に留める。

例1　△「中学時代からはじめたバドミントンで、2年連続大学1位になった」
○「長く続けているバドミントンで、自分でも驚くような結果を出せました」

例2　△「インドネシアで5カ国の海外学生ボランティアをまとめるリーダーを務めた」
　　　○「海外ボランティアで特別に責任あるポジションを務めた」

　つまり、ちょっと大げさに示しながら、あえて具体的な数値や固有名詞を曖昧にした答え方をする。そうすると、面接官はもっと詳しく聞きたいと思い、「どんな結果ですか」「どこの国で？　ポジションとは？」「自分でも驚くような結果とは？」と食いついてくるだろう。

「寺院でバイトをしていたとき、住職から聞いた感動的な話が私をこの業界へ進む気持ちを固めさせました」というのもよい。「どんな話だったのですか？」と、面接官が質問を重ねやすくなる。

　要するに、**「さらなる質問を誘発させるための答え方」**をするのだ。相手に質問というアクションを起こさせることができたら、こちらの土俵へ引き込めたも同然だ。「バドミントンで2年連続大学1位」「海外学生ボランティアでリーダーを務めた」という持ちネタがエピソードとして面接官の記憶に残っていく。そうすれば、面接を有利に勝ち抜いていけるであろう。

このように、答えをオブラートに包みつつ、**皆まで言わずコンパクトにまとめ、「エサをまく」。**持ち時間内に、エサを三つまければ理想的だ。そのうちの一つは食いついてくるだろう。一つしかまかないと、相手が食いついてくれなかったときのダメージが増幅してしまうので、複数が基本だ。

答え方のちょっとした工夫で、自分を印象づけることができる。皆同じような質問に対して同じ条件下で答えているのに、合格を勝ち取れる人とそうでない人がいる。自分に何が足りなくて就活や転職がうまくいかないのかわからない人は、一度答え方を見直してみるべきだろう。社内の昇進面接や評価面談でも要領は同じだ。

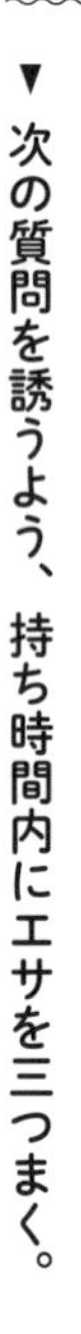

▼次の質問を誘うよう、持ち時間内にエサを三つまく。

万人受けを狙って没個性の人

相手と自分の独自性のマッチを示す

相手は「センス」を見ている

就活にしても、合コンや見合いにしても、要は一種の化かし合いだ。相手の質問に答えたり、相手の答えに乗っかったりしながら自分をアピールし、「一緒に仕事がしたい」「おつきあいしてみたい」と思わせなくてはならない。

ここでは、前項に引き続き、就活面接の場面を取り上げていくことにする。

就活の面接で面接官が見ようとしているのは、ひと言でいえばその人の「センス」であろう。その「センス」とは何かといえば、履歴書やエントリーシート、自己PRや志望動機に書かれている文面だけではわからない、その人からあふれ出るもの。個性と言い換えてもよい。

そして、**なぜそれが見たいかといえば、自社との相性が知りたいから**にほかならない。

ところが、「志望動機を聞かせてください」と言われて、「有名な会社なので」「給料がよいと評判なので」などと、つい本音を漏らしてしまう人がいる。それではあまりに愚かだ。

そこまでひどくなくても、「御社の将来性に魅力を感じました」「御社でインターンを経験させていただき、社員の働く姿に感銘を受けました」といったマニュアル回答に頼ってしまう。

面接で答えるべきポイントがわかっていないと、表面的な回答に終始し、実にもったいない話になってしまうわけだ。

一つでいいから、本当の体験を熱く語る

まず前提として、就職試験を受ける側はその企業が第一志望でなくても、「御社が第一志望です!」というフリをするのが鉄則だ。自分の本意と異なる行動を取る

のはみっともないとか、そんなに必死になるのはカッコ悪いと捉える人もいるようだが、ありのままの自分で通そうというなら採用は遠いだろう。

そのうえで、説得力を持って質問に答えるためには、何か一つでいいからその会社の商品やサービスに実際に触れてみることだ。**そうしたリアルな体験を元に、企業と自分の相性のよさをアピールする。**「御社を知ったのは既存商品○○で、我が家では三世代で利用しています」「私ならこの商品の発展形としてこんな商品を作ってみたい」と、持ちネタで自分の土俵へ引き込んで話を展開していける。

入社以降の展望を語る際は、「まだ未経験の自分ではありますが」という謙虚さを忘れずに答えることが欠かせないが、**志望動機に関しては具体的であればあるほど相手の関心を引ける。**

このように、より具体的にアピールできるよう、志望動機のネタを仕込むことが本来の就活で、ここが最も差が出るポイントなのだ。

自己PRも同様だ。自分には特別な経験や自慢できる経歴などないという人は、ネタを仕込めばいい。実際にやってもいないのに「自転車で日本一周しました」などと語るのでは単なる嘘つきになってしまうが、自己PRのネタが見つからないのならばネタ作りの経験を無理やりにでも行い、それをデフォルメして答える。まだ人生経験が少ない若者に、語れるネタがないのは当たり前のことだ。だから、**ネタ仕込みやそのための行動を後ろめたく思う必要はまったくない。**

転職でこれから先の人生逆転を狙っている場合も同じだ。

就活の面接以外にも共通するのだが、要するに**万人受けする答えというのは結局のところ素通りされてしまう。**相手の独自性と自分の独自性がマッチしていることを示すために、答えるチャンスがあるのだ。

受ける企業すべてに好かれようなどと思う必要はない。1社と相思相愛になることを目指せばよい。

答えるということは、目の前にいる人に対して行う行為だ。その都度、対応できるからいろんな角度で自分をアピールする楽しさと奥深さがある。答えることを楽しめる感覚を持てると、面接でのアピール度も増してくるだろう。

▼ネタ仕込みに後ろめたさを感じる必要はない。

▼謙虚に、しかし前向きに。

挑発に乗ってボロを出す人

サービス精神を封じるワザを備え持つ

たったひと言で形勢逆転……！

大切な場面で失言してしまう人がいる。**普通に返せばよいところを妙な角度から切り込んで、周囲から冷たい目で見られたりしている。**だが、本人は意外に気づいていないことがあるから不思議だ。

その手の代表といえば、とにかく政治家だろう。たとえば、豪雨被害を受けた被災地を訪問した、当時の内閣府政務官の発言を覚えておいでの方も多いと思う。長靴を持参しなかったため政府職員におぶわれ、「長靴業界はだいぶ儲かったんじゃないか」と言って、すぐさま辞任へ追い込まれた。

報道陣のカメラが回っているのを承知で、このようなことを言ってしまうのはなぜか。それは、**「サービスしてやろう」という思惑があるから**にほかならない。ウケ狙いと言ってもいい。しかし、それがトンチンカンだから、その場の空気や状況に合わないものになってしまう。

このサービス精神が、さらに悪い方向に働いてしまうと注意が必要だ。相手がこちらを引っ掛けようとして意地悪な質問を投げかけてきたとき、そこで調子に乗るとボロが出てしまう。そうすると、相手の思うツボだ。ケースによっては自分が恥をかくだけでなく、周囲に多大な影響を与える場合もある。

思い起こされるのは、2017年秋の衆議院選挙の小池百合子氏による「排除」発言だ。選挙は、小池氏が希望の党を立ち上げたことで大混乱の様相を呈していた。そんな折、公示前の記者会見で、あるフリージャーナリストが小池氏に次のように質問し、あの発言を引き出したのだそうだ。

「前原（誠司民進党）代表が昨日、（民進党の両院議員総会で）所属議員向けに希望の党に公認申請をすれば排除されないという説明をしたんですが、一方で小池知事は、安保、改憲を考慮して一致しない人は公認しないと。言っていることが違うと思うんですが、前原代表をだましたんでしょうか。それとも共謀して、そういうことを言ったんでしょうか」（アエラドット2017年10月15日記事より）

これに対し、小池氏は微笑みをたたえ、「（一部略）排除をされないということはございません。排除いたします」と言い放ったのだ。このひと言で潮目が完全に変わり、希望の党は大失速。自民党が圧勝したのはご存じの通りだ。

都知事の定例会見で、質問する記者を指名するのは知事本人だ。このジャーナリストはいつも厳しい質問を投げかけることから、大手媒体などに比べると極端に指名の回数が少ないのだそうだ。だが、なぜかこの日は指名された。

小池氏には、自身が政局を動かしつつあるという慢心があったのかもしれない。その慢心が一瞬の油断につながり、まんまと相手の挑発に乗ってしまうという結果を招いたのだろう。

❖圧迫面接も乗り切れる

長々とこのできごとの背景を語ってきたのは、相手の挑発に乗って答え方を間違えると大変恐ろしい事態を招くという、実にわかりやすい例だからだ。

我々の日常でも、**聞かれたくないことを聞かれる**ということがある。相手がこちらを引っ掛けようと企み、挑発してくることもある。そういうときのために心得ておきたいのは、**下手にサービス精神を発揮しようとしないということだ。**

「こちらの反応を見ているんだ」と冷静に受け止め、「答えの最初のひと言」でひと呼吸置くのだ。

たとえば、「すこし考えさせてもらってよろしいでしょうか」「それをお答えするには、きちんとした知識が必要だと思いますが、私にはそのような知識がありませんので、よく調べてからお答えします」「そのことは、これから生きていくうえでの課題にしたいと思います」などと言って、答えを先に延ばすのがうまい方法だ。

圧迫面接も、これと同様に対応すれば乗り切れる。面接官はあの手この手で攻めてくるだろう。ひどい言葉を投げかける場合もあるし、ため息をついてみせたり話している途中であきれたような顔をするなど、態度や表情で示す場合もある。

でも、そこで感情を露わにしたり、怯えを見せたりせず、冷静な答え方をすることだ。面接官はストレス耐性を見ているのだ。また、臨機応変な対応ができるかどうかも同時に見ている。冷静に対応できれば、「面接官も仕事なんだよな」「こわもてを装っているけど、本当はいい人なのがにじみ出てるなぁ」と不憫がるくらいの余裕が自然に生まれてくる。

▼「すこし考えさせてもらってよろしいでしょうか」「それをお答えするには、きちんとした知識が必要だと思いますが、私にはそのような知識がありませんので、よく調べてからお答えします」「そのことは、これから生きていくうえでの課題にしたいと思います」で冷静に対応する。

途中から矛盾してくる人

イエスかノーかを決めて答える

主張が反転するほど愚かなことはない

友人たちとの会話で、改憲か護憲かという話題になったときのことだ。ある人が護憲を主張した。つまり平和憲法を守るべきだときっぱり述べたのだが、なぜ戦争がいけないのかを語るうちに話が戦闘機に及んだ。

その人は戦闘機が好きで知識も豊富だったため、夢中で語り続けるうちに、「○○という戦闘機は非常に性能がよく、これまで撃墜することがほぼ不可能だった高性能戦闘機を上回る戦闘力を持っている」などと力説しはじめ、そのうちどの戦闘機でどう攻撃するのが効率がよいかという話に移り、最後には「戦争が戦闘機を進化させるのだ」と、まるで戦争を望んでいるかのようなことを言いはじめた。

そこまで矛盾したことを語っているにもかかわらず、本人はそのことにまったく気づいていない。周囲はあきれ、私もこんな愚か者は見たことがないと思った。

だが、**相手からの問いに答えて主張するうちに、途中から矛盾してくる**というのは誰でも少なからずあることだ。ニュースや雑談で生半可に聞き及んだことを自分の考えのように披露し、その分野についてもっと詳しい人間から矛盾を指摘されたことは私にもある。

日常会話であればそれでもよかろう。ただ、会議の場などでは、できるだけそうした愚かな答えはしないようにしなければならない。

会議でブレブレにならないために

たとえば、ある企画を通すかどうかについて会議がある。「君はどう思う?」と意見を求められると、本当は反対派なのだが賛成派っぽい意見を述べるなど、その会議の流れで勢いのあるほうについて肩入れするということがないだろうか。

あるいは、自分にとって関心が薄いテーマだからとくに意見もなく、できれば発言したくないと思っているときに司会者から指されオロオロしてしまう。

そうすると、うまく立ち回って発言しているつもりが、賛成派がよくない点として挙げているポイントを絶賛してしまったり、その反対に美点として挙げているポイントをけなしてしまったりする。その点を指摘されるとしどろもどろになって、結局、何を言っているのかわからなくなる。

こうした事態を招かないよう、会議など自分の意見を述べなくてはならない場ではブレない答え方を心掛けたい。

意見を述べるということは、いろいろなケースを想定し、Aの場合はこういうメリットとデメリットがあり、Bという状況下ではこういうリスクがある、というふうに思考する過程が必ず必要になる。

そのプロセスがあるから自分の考えを深めることができ、他人とは異なるオリジナルの意見にたどりつくことができる。また、その過程を緻密に行うことができる者が、問題点やリスクヘッジの方法を提起できる。

だから、その過程は非常に大切なのだが、それを会議の場の答えで表に出してしまうのが愚かなのだ。その最たるものが、自分が考えてきた過程を時系列で話しはじめるパターンだ。だが、**先に「イエス」か「ノー」、「賛成」か「反対」かを言ってしまえばブレない答え方を貫ける。**

×「最初はA案もアリだなと思っていたのですが、よく考えたらA案は昨年度の企画と似ていますよね。それで途中からB案がよいと思ったのですが……」

○「私はB案に賛成です。理由は……」

このように、「イエス」か「ノー」の結論を先に述べてしまうことで覚悟ができる。また、「答えの最初のひと言」で「私はこう考える」「私の意見は○○です」という言い方で、話す方向性をオープンにする。

そうすると、答えがブレブレになりがちな人は、会議の場での思考の迷宮入りを防ぐことができるであろう。

もしも、答えている途中で新たな考えが浮かび、主張が矛盾してきたことに気づいたら、それを正直に言うのがよい。「最初はノーの立場でしたけれども、今あるアイデアを思いついてイエスに考えが変わりました」「ちょっとはっきりしなくなってきました。考え直します」と言って、仕切り直すのも一つの手だ。

▼思考の過程を話してしまうから、混乱し矛盾が起こる。
▼「私は賛成（反対）です」「私の意見は○○です」からはじめる。

反論することに極端に臆病な人

意見交換を促し独自のポジションを築く

「いいね！」以外の答えを言えるか

自分が好むものを批判されると、感情的になったり怒り出してしまう人がいる。そういう人を相手にするときには、発言にもの申したいことがあっても、押し黙ってやりすごすことも多いだろう。ときには、あえてニコニコして敵意が伝わらないように努力している人すらいる。だがそれは、愚かなことではないだろうか。

私はクラシック音楽が好きで年に百回近くのコンサートへ足を運ぶが、すべての作曲家が好きかといえばそんなことはない。当然、好きな作曲家とそうでない作曲家がいて、中学生の頃から変わらないのがマーラー嫌いだ。

そのマーラーについて、以前、自分のブログで「大嫌いだ」と書いたら、マーラーのファンの方から「失礼だ。私が、あなたが好きなブラームスが大嫌いだと言ったら、イヤな気持ちがするでしょう」というコメントが届いた。だが、私はブラームスが嫌いだと言われてもイヤな気はしない。つまり、反論は大歓迎だ。

クラシック音楽愛好家として、好きな点と嫌いな点を互いに言い合えたら、そんな楽しいことはないであろう。ブラームスが嫌いだという人に、ブラームスを好きになれと言う気は毛頭ないが、そういう人からの反論によって、ブラームスをさらに深く理解する視点を得ることができるからだ。

それと同じように、マーラーが大好きという人と話すのも、私はこのうえなく楽しい。私のマーラー嫌いはクラシック友達の間では周知だから、互いの意見を交わせる機会は非常に貴重だと思っている。

反論は、問題提起のよい機会になる。その場の会話を盛り上げたり、ワイワイ楽しんだりするきっかけにもなるのだ。**だが、その言い方を知らないがために、ついうっかり相手にイヤな思いをさせるようなことをして、ひどく嫌われてしまう。**

一度そういう経験をしたり、そのような場面に出くわすと、反論など怖くてできないと思うようになる。そして、反論することに極端に臆病になったり、人前で反論する人を非難するような態度を取るようになる。

日本の社会は、ことのほか同調性が求められる。だから、すぐに「いいね！」的な答え方をしてしまうのだが、あえて反論する答え方がむしろ周囲からの信頼を集めることもあるのだ。

「反論キャラ」を楽しんでみる

たとえば、仲間うちで課長の悪口を言っているとする。それに対して「でも今回の件は、課長の立場になってみれば、課長だけに責任があるわけではないかもね」と言ってみる。あくまでも、**「自分がそう思うわけではないが、すこし違う角度から現状を見てみるとこういうことも言えそうだ」**と投げながら、反論のスタンスを取るのがコツだ。

「この問題には○○という視点もあるかもしれない」「我が社の□□という考え方も大きく影響しているのかも」という具合に、その場の空気を真っ向から否定するのではなく、立ち位置を微妙にズラして反論する。そうしないと、本気で食ってかかってくる人が出てくる可能性があるので注意がいる。

このように、あえて「反論キャラ」として発言するわけだ。すると意外な立ち位置を得ることができる。

会議などで、「あいつはきっと私の意見に反対してくるだろう」と感じる人はいないだろうか。実は、そういう存在が周囲から嫌われることなく、独自のポジションを築いていることがある。近くにその種の人がいたらそれを見習って、自分も誰かにとっての「反対ばっかりするヤツ」のポジションを狙ってみるとよい。

反対しようとすれば、必ず根拠を述べる必要がある。それが、頭をよくするトレーニングになる。そして、そうやって意見交換の機会をつくり、会話を活性化させているうちに賛成・反対という結論を超えた、よき理解者になれることもあるだろう。敵対しつつも互いを信頼するパーソナルな関係を築けるのだ。

そこで、「反論キャラ」になる技術を身につけるために、新聞の投書欄を活用するといい。一つのことがらに対する、年齢、性別、職業、立場など多様な人々の意見や価値観を知ることができる。それに対して自分の考えをまとめ、反論トレーニングをしてみるとよい。

コミュニケーションにおける反論を戦略的に用いることで、一目置かれる存在になれる。

- ▼「この問題には○○という視点もあるかもしれない」という言い方で「反論キャラ」になってみる。
- ▼新聞の投書欄で、一つのことがらに対する賛成意見と反対意見を知る。

わからないことをそのままにして答える人

質問で言葉の定義を確認

知ったかぶりはいずれバレる

以前、ビジネス関係のパネルディスカッションに参加したときのことだ。さまざまな方向に話題が展開するうち、パネラーの一人から「ロハス」という言葉が出てきた。すると、私以外のパネラーの間で「ロハスこそ今とても大切な概念だ」という論調で盛り上がり、それ以降の話が進んでいった。

しかし、恥ずかしながら当時の私はロハスという言葉をよく知らなかった。もちろん、聞き覚えはあったのだが自ら使ったことはなく、おおよその意味がわかる程度でディスカッションに加わってよいものか躊躇（ちゅうちょ）していた。

しばらく黙っていたのだが、私が答える番が来てしまった。そこで思い切って

「申し訳ない、皆さんが言っておられるロハスの意味がよくわからないので、すこし説明していただいてもいいですか？」と聞いてみた。

するとパネラーたちが、「ライフスタイルズ・オブ……。何でしたっけ」「ええっと、地球環境保護的な視点の……ね」「サステナビリティ……でしたか？　違います？」などとオロオロしはじめた。

よく知っているはずの言葉でも、いざ人に説明しようとすると腹に落ちていないのが、わかることがある。そうなると、他人と共有できているかどうか、ましてや、複数の人間と意味を理解し合ったうえでコミュニケーションに活かせているかどうかはあやしい。そこをあやふやなまま対話を進めてしまうと、ボタンの掛け違いのようなことが起こってしまう。

認識のズレを生まない知恵

このようなことは、日常でもよく起こるだろう。会話のなかで知らない言葉や概念があるとき、面と向かって相手に問い直すというのは、状況やタイミングによっては迷いが生じるものだ。だが、確認しないまま答えたり、よく知らない言葉にそのまま乗っかって会話を続けたりしていると、いずれバレる。結局、それが自分自身の信頼を損ねる原因にもなる。

その一方で、そうそう尋ね返してこないだろうと高をくくり、わざと相手になじみのない言葉を使って知性をひけらかしたり煙に巻こうとするような人もたまにいる。また、単に相手の語彙力を想像できず、自分になじみ深い言葉ばかり使って、他人に指示したり命令したりする人もいる。そんなときも、黙って聞いているだけでは、相手の意図を理解できず、かといって後になるとますます尋ねづらくなり、仕事に支障が出ることさえあり得る。

そこで、相手の言葉にわからないワードが含まれているときは、**率直に「○○って何ですか？」「ちょっと確認させてもらっていいですか？」と質問をうまく使った答え方をすればよい。**「不勉強で恥ずかしいのですが」「寡聞にして存じませんで」などという大人言葉を頭につければ、相手にバカとは思われないだろう。

実際、知人にいつも周囲を代表して「○○って何ですか？」と聞いてくれる人間がいる。いつも質問で返すので質問される側になると面倒なこともあるが、実は周囲は皆助かっている。彼のおかげで、疑問が解消できるからだ。

また、「夕方までに資料をアップ」と指示されたものの、「夕方」の認識が違ったことが原因でトラブルになるようなことがある。17時頃を夕方と捉える人もいれば、20時頃まで夕方だと取る人もいる。「資料作りは若手の自由に任せる」という「自由」の範疇はどこまでか。予算込みと捉えて、後で大目玉を食らわないか。

皆が同じ言語で同じ内容を認識しているというわけではない。だからすり合わせが必要なのだ。答える側が「○○は□□という意味で合っていますか？」と認識のズレを確認すれば、問題が生じる前に封じることができる。

▼よく知らない言葉を確認↓「○○って何ですか？」「ちょっと確認させてもらっていいですか？」

▼言葉のすり合わせ↓「○○は□□という意味で合っていますか？」

くどくどと言い訳する人

☞理由込みで10秒が目安

失敗を恐れるから長くなる

言い訳は、すればするほどむしろ嘘臭くなるのに、自分が満足するまで言い訳し続けないと気がすまない人がいる。

たとえば、仕事の大切な資料を電車の網棚に忘れるという初歩的なミスを犯してしまったとする。「どうしたんだ⁉」と尋ねる上司の顔を見るなり、謝罪よりも先に、「ゆうべからひどい腹痛で、今朝一番で近所のかかりつけの医者に行ったら、めちゃくちゃ混んでたんですよ。一睡もできなかったので電車でつい居眠りしてしまって、それで……」と、長々と語りはじめてしまう。

また、**相手はすこしも非難していないのにくどくどと言い訳する人**もいる。

取引先との交渉を任され、失敗してしまったとする。上司は、「そういうこともあろう、次のチャンスで取り返せばいい」と寛大に見守っているにもかかわらず、失敗の報告に訪れるや、「ライバル社のほうが我が社よりも先に方針を決めていたのだから、仕方なかったんですよ」などと言い訳をする。

こういう言い訳を長くされればされるほど、聞いているほうは不愉快になってくるものだ。「信じてくれていませんよね?」と、こちらを疑っている様子が見え見えだからだ。また、非常に子どもっぽい印象を受ける。

愚かな言い訳を続けてしまう理由は、一度の失敗が命取りになるという現代特有の減点主義に対する恐れがベースにあるのだろう。**絶対に失敗したくない、失敗したヤツだというレッテルを貼られたくない**という感情が長い言い訳に走らせる。

戦略的かつコンパクトに

だが、私は言い訳がいけないと言いたいわけではない。うまい言い訳でピンチを乗り越え、信頼をなくさずにすむこともある。取り返しのつかない悪い印象を持たれるくらいなら、うまい言い訳で丸く収めたほうが賢い。

そもそも、言い訳をしない人などいないはずだ。家族や友人との約束をうっかり忘れたり間違ったりして、皆、毎日のように小さな言い訳を重ねている。

ただ、**言い訳をするのなら戦略的であるべきだ。**しかも、仕事や人間関係においてここぞという大事なときにくどくどと言い訳をしてしまうなど愚の骨頂だ。相手から得られるかもしれない信頼を、たったひと言で台無しにしてしまうことになるのだから、それほど損なことをあえてすることはない。

だから、くどくどとした言い訳で返さないよう、賢い言い訳のコツを知っておく必要がある。仕事の大切な資料を電車の網棚に忘れるという失敗をしたのなら、それはもう事実としてすでに起こってしまったのだから、シンプルに答えるとよい。

理由＋謝罪　**「電車で居眠りして、慌てて降りるときに資料を置き忘れました。すみません」**

取引先との交渉に失敗してしまったのなら、次のように。

失敗の分析と今後の展望「タイミングがすこし遅かったようですが、作戦を練り直して再度トライしてみます」

このように、「理由と謝罪」「分析と展望」などをコンパクトに10秒以内でまとめる。なぜ10秒かというと、それが自己紹介や名刺交換にかかる秒数と同じで、相手が無理なく話を聞ける長さだからだ。

言い訳をコンパクトにまとめて言い放つと、不思議なことに肚が据わっているように見える。もっと詳しく聞きたければ、相手のほうから質問をしてくれるだろう。皆まで言わないのが、賢い言い訳だ。

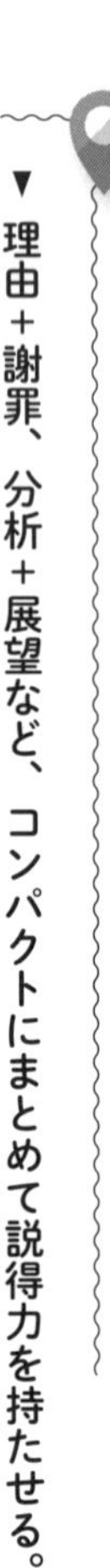

▼理由+謝罪、分析+展望など、コンパクトにまとめて説得力を持たせる。

説明が詳しすぎる人

相手が求めている「画素数」を見極める

その教え方は伝わっているか？

小さな子どもに「きこえよがしって何？」と聞かれると、一瞬、説明に困るだろう。「わざと聞こえるように話すことだよ」というふうに、子どもにもわかる言葉に置き換えて教えてあげなければわからない。

このように、子ども相手なら合わせて答えようとするのに、相手が大人だとついそれを忘れてしまいがちだ。それで、ものごとを説明しなければならない場面で、逆に相手を戸惑わせてしまうことになる。

私はデジタル関係に弱いので、頻繁に周囲の人間に助けを求める。基本的に「こういうことをしたいのだが、どうすればできますか？」といった内容で、そのほとんどは多くの人からすると実に初歩的であることは重々承知している。

こちらとしては、それができるのかできないのか、どうすればできるのかがわかればそれでいいのだが、専門書持参で説明されたことがあった。「そこから学ばなければなりませんか……？」という態度をほのめかしても、そもそもから解説をはじめる。だが、その人は面倒だとも思っていない様子なのだ。むしろ、専門知識を披露できて楽しんでいるようだった。

ほかにも、お宅へ訪問するのに電話で道順を尋ねたら、駅から続く商店街の風景を細かく描写するように丁寧な説明をいただいたことがある。かなり複雑な道順を長い時間かけて行くものだと思って現地へ着いたら、実際は驚くほど近く単純だった。**情報量があまりにも多すぎたので、こちらが誤解してしまったのだ。**

つまり、人に何かを説明するときは、丁寧ならばよいというわけではない。相手は手書きのシンプルな地図で十分だと思っているのに、グーグルのストリートビューばりの立体的映像が送られてきたら戸惑ってしまう。

いや、戸惑うだけならまだましだろう。**情報が細密すぎると、相手が理解できな**

い場合もある。パソコンのデータなどになぞらえていうと、データが重すぎて開けないという状態だ。要するに、相手が求めている画素数とかけ離れた重たすぎるデータを送ってしまうと、開くのに時間がかかったり、場合によっては役に立たないということもある。

◆得意なことを答えるときこそ要注意

説明するという行為は、日常のなかで意外に多いものだ。たとえば、読んだ本の内容や連続ドラマのこれまでのストーリーを教えるということならば、「生き別れの母親と巡り合う物語だよ」と**大見出しをつけた後に、自分なりの光の当て方で内容を要約すればいい。**

しかし、自分の解釈で答えればいいものと違い、情報や知識を客観的に説明するときには画素数オーバーになりやすい。とくに、特定の分野についてたっぷりと知識を蓄えている、いわゆるオタクの人は、説明をはじめると知識があふれ出てしまう傾向がある。

独壇場で1分以上話しているときは、まずいったん話をやめて、相手がついてこられているかどうか確認することを心掛けるとよい。それと同時に、「こういうことで答えになっていますか？」などと、さりげなく相手が求めている画素数と乖離が生じていないかチェックをすることが大切だ。

▼得意なことを人に教えるときほど、知識のオーバーフローに注意！

条件や仮定が細かすぎる人

情報に優先順位をつける

思いついた順に答えるのは愚か

部下から「これから○○社へ行って参ります」と言われ、「では、さっきの打ち合わせ内容を詰めてきてくれよ」と答えて送り出せばよいところを、次のように返事してしまう人がいる。

「もしも社長が出てきたら、予算について話を詰めたがるかもしれないから、そこは後日ということでうまくごまかしてきてほしい」と言う。若手社員一人の訪問に社長が対応するというのは、実際には起こりにくい状況であろう。部下が驚いて、「え、社長が出てくる可能性があるのですか」と尋ねると、「いや、ないとは思うが」などと真顔で答える。

そして、「おそらく課長だけだと思うが、それならば予算の話は出ないはずだから、打ち合わせ日程の調整までに留めておいて、もしも部長も同席するようなら……」と、**あらゆる状況を想定して指示を出しはじめる**ため、部下は当然ながら混乱してしまう。

このような答え方になってしまうのは、思いついた順にしゃべっているからだ。**「もしも」のケースや「そういえば」の事例が頭に浮かんだら、行き当たりばったりにいちいち言及していく。**相手のために情報整理を行おうという配慮はなく、自分本位で対応しているわけだ。

この種の人がものを尋ねられたら、さらに大変なことになる。

たとえば、来訪者から「ここからA駅の××ホールへ行きたいのですが、どのルートが便利ですか?」と聞かれたとする。

すると、次のような答え方をしてしまうのだ。

「一番便利なのは、ビルの向かい側から出ているバスですね。ただ、20分に1本なんですけどね。10分ほど歩けば地下鉄のB駅があります。そこから2回の乗り換えでA駅に行けます。それから、タクシーを拾ってC駅へ出てそこからA駅へ向かう手もありますが、この時間は○○通りが渋滞しているかもしれません。混んでいなければ5分足らずなのですが……」。

土地勘のない場所でこのような返答をされたら、途方に暮れてしまうだろう。こちらの質問に丁寧に返してくれているのだが、情報が整理されておらずどのルートを選べばいいのか判断がつかない。これもやはり、思いつく順に答えているからにほかならない。

傍（はた）からは、伝え方、答え方のなんと下手な人間だと映る。しかし、本人はまったくそれに気づいていないところが困りものなのだ。

目端が利くのを自慢していないか

こういう人は、自分はいろいろな状況を思い描くことができる想像力にあふれ、目端が利くと思っている。凡庸な人にはない観察力や状況把握能力があると信じている。重箱の隅をつつくようなことを言うのは、むしろ相手に対する親切心であって、そういう面でも自分は非常に思いやりがあると自信を持っている。要するに、本人にとって自慢の気持ちがあるのだ。

なかには、1万人に一人にも起こらないであろうことを誇大に妄想し、すべてを悲観的に捉える人もいる。いつも最悪の事態を想定しているため発言のほとんどがネガティブで、周囲に不安を伝染させることばかり言う。

細かすぎる条件や仮定でわかりにくい答えをしないようにするためには、**話題の枝葉ではなく幹をしっかり見る**ことだ。そうすれば、話の内容に優先順位をつけられる。

たとえば、取引先へ出向く部下には、「さきほどの打ち合わせ内容を最優先で」、道案内の例なら、「何時に着きたいのですか?」「お時間はおありですか?」「お急ぎですか?」と相手の都合を確認して、「それならベストチョイスは地下鉄のB駅利用です。次は……」という具合に伝えると混乱を避けられる。相手の希望という幹をしっかり把握することだ。

▼話題の枝葉ではなく幹を見て答える。

▼「最優先は……」「一番おすすめは……」「第一は○○、第二は○○……」

第3章

なぜか好かれない答え方、好かれる答え方

大真面目で正確さ第一の人

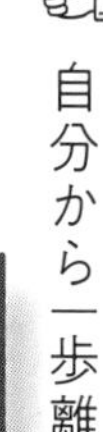

自分から一歩離れて道化を演じる

❖共感される会話とは？

以前、「今日はいい天気ですね」と言ったら、わざわざ窓まで外を見に行って「いえ、今日は曇っています」と返してきた人がいた。

また、「食欲の秋ですね。最近、何かおいしいもの食べました？」と聞くと、いきなりスマホを取り出して真剣に写真を確認しはじめ、「えーっと、先週、今年初の松茸を食べましたね」と答えた人もいた。

こちらが発した言葉を大真面目に受け止めて、これほど正確に返事をされると後が続かなくなる。間を持たせようとして言っただけなのに、話しかけたほうが悪いことをしてしまったような気にさえなる。

相手の問いに対して真摯に答える姿勢は大切なことだが、大真面目すぎるとときに相手を戸惑わせてしまう。その結果、堅苦しい空気や居心地の悪さをつくり出してしまうことになる。周囲にこのような人が一人や二人はいるだろう。

その一方で、会話のたびになごませてくれたり、クスッと笑わせてくれる人もいるのではないだろうか。特別におもしろい話を披露しているわけでもないのに、その場がリラックスする。こちらも気を張らずにいられるので気楽だ。

だから、そういう人は周囲から好かれる。それは、**受け答えのなかにある共感が相手に伝わる**からであろう。

ダメな自分をオープンに

共感というのは、ただ相手に同意したり、感情的に寄り添うことではない。むしろ、**共感を得るために必要なのは隙だ。**その隙とは何かというと、ユーモアと言い換えることができる。

自動車のハンドルには「遊び」と呼ばれる余裕がある。ハンドルをすこし切っただけでタイヤの角度が曲がると、危険なうえに運転もしづらい。そこで、多少のゆとりを持たせているわけだ。それに対し、F1のレーシングカーのハンドルには遊びがあまりないという。だから、操作性は高まるが、一度ハンドルを握ると緊張感を緩めることはできない。

日常会話はもちろん、一般車両でのゆったり運転だ。いつも生真面目に返してしまい、それゆえにコミュニケーションに自信がないという人は、ハンドルの「遊び」のような答え方を工夫していくとよい。

とはいえ、いきなりユーモアあふれる答えができる人に変身するのは難しい。そこで、その状態から脱するための初級編として**「失敗談や自虐で返す」**ことをおすすめする。たとえば、次のような具合だ。

例1
質問　「今日はいい天気ですね」
答え×「(窓まで外を見に行って)いいえ、今日は曇っています」
答え◯「本当ですね。調子に乗って薄着で来てしまいました」

例2

質問 「食欲の秋ですね。最近、何かおいしいもの食べました？」

答え× 「(スマホに保存した写真をチェックして) えーっと、先週、今年初の松茸を食べましたね」

答え○ 「食べたいですね～。でも、腹周りが10cmダウンするまで、妻にカロリー制限されているんですよ」

このように失敗や自虐で返してみると、相手も次のひと言を言いやすくなる。重ねて質問を投げかけることも自分の話へ移ることもでき、コミュニケーションが円滑になる。

笑いやユーモアとは、自分から一歩離れて客観的に眺める目を持っていてこそ生まれるものだ。自分を笑いのネタにする道化は、その最たるものだろう。逆に生真面目とは、その場にどっぷり、現実に両足が浸かっている状態を指す。**四角四面ではないところを人にアピールするのにも、答え方がひと役買う**というわけだ。

上級編としては、ときにダジャレやオヤジギャグで返してみることをおすすめする。定番どころの「内容がないよー」「テクシー（タクシー）で行きましょうか」「時すでにお寿司」など、誰もが知っている昔ながらのもので十分だ。

今まさにピークの芸人ネタや流行語を使う手もなくはないが、ここで大切なのはユーモアで相手を笑わせることではない。失笑覚悟でやるということがポイントなのだ。**ウケ狙いではなく、むしろスベることを目的とする。**だから、ギャグのキレがよすぎたり、小賢しいのは逆効果で、スベるからいいのだ。

ただ、ダジャレやオヤジギャグは「答えの最初のひと言」や切り札に使うのではなく、会話に織り交ぜながら小出しにする。そうすると、ボクシングのジャブのように効いてくる。

いつもギャグで返しているばかりでは、頭のいい人には見られないかもしれないが、親しみやすい人間と思わせることはできる。スベることを売りにするお笑い芸人もいる。トレーニングとして、真似をしてみるのもいいだろう。

▼相手に「隙」「ゆとり」を見せることが「ユーモア」につながる。
▼初級編↓「失敗談」「自虐」で返す。
▼上級編↓定番のダジャレやオヤジギャグでスベってみる。

褒められてうまく対応できない人

この五つの方法でクリア

やっぱり土俵へ引き込んだ者の勝ち

人から褒められたとき、待ってましたとばかりに饒舌になるのは傍で見ていてみっともない。しかし、ただただ謙遜するのもかえって不遜に映ることがある。

「今日の装い、素敵ですね」などという挨拶程度の褒め言葉なら、「ありがとう」と普通に答えればよいだろう。しかし、「仕事が認められ、社長賞に輝いた」「今期売上ナンバーワン記録を樹立」など、周囲から特別に称賛されるような機会を得たときの対応にこそ、実は大きな差が出る。**せっかく褒められているのに、答え方で株を下げてはもったいない。**

称賛という点から見ると、スポーツ選手の受け答えにも個性が表れる。2018

年2月に平昌(ピョンチャン)で開催された冬季オリンピックは、日本の獲得メダル数が冬季大会過去最多ということで大いに盛り上がりを見せた。活躍した選手たちのインタビューの模様も、連日放送されていた。

印象的だったのは、女子スピードスケートで初の金メダルを獲得した小平奈緒選手の言葉だった。銀メダルだったイ・サンファ選手とのやり取りも見事だったが、金メダル獲得直後のインタビューでの「周りが何も見えないくらいうれしかった」という表現のリアリティのなかに、小平選手の信念、これまでの苦労が見える気がした。

以前は、スポーツ選手の試合後のインタビューといえば、「優勝おめでとうございます」「ありがとうございます」、「今の心境を聞かせてください」「うれしいです」というような一問一答がほとんどだった。インタビュアーにマイクを向けられてしゃべれるスポーツ選手はむしろ少数派で、余計なことを語らず寡黙なほうが好感度が高い印象すらあった。

だが、そういう時代に比べると今はメディアやSNSの発達により、スポーツ選手の試合後のコメントや一挙手一投足までもがあっという間に拡散される。ファンや一般の人々は、選手からどんな言葉が出てくるか心待ちにしているのだ。

そのコメントのおもしろさや新鮮さが人気を押し上げたり、ひいてはそのスポーツのファン増加につながることを選手たちも感じ取っているのだろう。「この選手、しゃべらないほうがよかったな」と思わせてしまっては、アスリートとして一流とは呼べなくなっているのかもしれない。

小平選手のコメントは率直な気持ちを口にしただけなのだろう。だが、率直に自分の考えを語る姿勢とうまく表現する知性も伝わってきた。そして、形式的なことはほとんど言わず、**短い受け答えのなか、一瞬で自分の気持ちを多くの人にわからせた**ことが目を引いた。

◆状況によって使い分け

さて、称賛を受けたり、望外の褒め言葉をもらったりしたとき、どう対応するのがよいのか。気をつけなければならないのは、相手が心から称賛してくれているケースもあれば、こちらの反応を見たくて少々厭味を込めて褒め言葉を投げかけてくるケースもあることだ。だから、一つの答え方で対応できるというものではないのでいろいろなケースに分けて考えてみる。

①「謙遜＋自慢」が有効な場合

「答えの最初のひと言」の基本は謙遜だろう。**「いや、まだまだです」「部長のおかげですよ」「周囲の助けがありましたから」**といったところだろうか。だが、これだけでは芸がない。そこで、おすすめなのが**謙遜しつつもさりげなく自慢を織り交ぜる答え方**だ。たとえば、私の場合、「ご著書が250万部超えのベストセラーとはさすがですね」と褒められたら、「あれはつまらない本ですよ。あれが250万部売れるのだったら、500万部を超えてもいい本をもっとたくさん書いているんですけどね」という具合に答える。

それにならえば、「お宅の息子さん東大卒なんですって？」と言われたら、「いやいや、親（自分）の域にはまだ達しませんよ」。これは、親よりも子どものほうが優秀だと相手が知っている場合に笑いを誘える。「いやいや、僕まではまだ相当距離がありますよ」という言い方もある。

②「率直なプラス表現」が有効な場合

好まれやすいのは、極端な謙遜より率直に喜びを伝えること。まずは褒めてくれた相手への敬意を示す。マイナスコメントよりもプラスコメントのほうが、好感をもって受け取られる。**「○○さんに褒めていただけるなんて光栄です」「今まででー番心に響いた褒め言葉です」**。褒められ慣れていない人は、まずここから。

③「たまたまを強調」が有効な場合

「たまたまですよ」「神風が吹きまして」「人生のボロ儲け期（モテ期など）が来たのかも」。時期や運を強調する。これは、自分や身内のことに使うといい。ビジネスパーソンの場合、他社の人間から褒められてこう答えてしまうと、上司の顔に泥を塗ることになるので注意が必要だ。

④「称賛に乗っかる」のが有効な場合

「あ、わかっちゃいました？」「そうでしょ、すごいでしょ！」「もっと褒めてください」とおどける。関係性にもよるが、社内の人間に褒められたときなど、ユーモアを交えて言うと場がなごむ。

⑤「事実を事実のまま」が有効な場合

「お子さん、○○中学合格ですって？」に対し、「うちの子なぜか勉強できるのよね」。褒められているのが身内の場合、現実を客観的に捉えている姿勢がうかがえると、そこに距離感が生まれるので自慢臭は漂わない。自分自身を褒められた場合も、**「ありがとう、○○は得意なんだよね」**で、厭味なく対応できる。

▼謙遜だけでは損！　爪痕を残すひと言を。

悩みを打ち明ける部下に「がんばれ！」と煽る人

自慢させてあげる聞き方をする

相手に寄り添う答え方とは？

部下や後輩から、「もう仕事がイヤになった」「会社を辞めたい」と悩み相談を持ち掛けられたとする。

「辞めてもらっては困る」という切実な立場にある人は、どう言えば相談者が考えを改めてくれるか、内心冷や冷やしながら話を聞くことになる。

そんなとき、「仕事というものはね……」と上から目線でいきなりアドバイスしたり、ひどい場合は、「根性が足りない。そんなことじゃ世の中渡っていけないぞ、がんばれ！」と説教をはじめてしまう人がいる。自分だけはそんな愚かな接し方はしない、そういう対応はよくないと承知しているという人がほとんどだろうが、現実にこうしたことが起こるとうまく対応できる人のほうが少ないようだ。

「何か言ってあげなくては」「自分が引き止めなくては」という考えが頭をもたげ、つい余計なことを言って、かえって相手の悩みを増幅させてしまったりするのだ。かといって、何も言わずに「じゃあ、辞めれば」と返すわけにもいかない。

では、どういう対応が望ましいのか。

まずは相手の言葉に対して、「何かあったの？」と王道の返しをし、相手にしゃべらせるよう誘導することだ。そこで、間口を広く取って相手に委ねる、いわゆる**オープンクエスチョンを「答えの最初のひと言」にする。**そうすると、相手は自分の好きなように土俵を設定することができる。

要するに、相手の話を聞いてあげることなのだが、ただ聞き役に回るだけではなく、説明をさりげなく求めているのがポイントだ。

共感の姿勢を示し、「さあなんでも話してごらん、聞くよ」などと寄り添いすぎると、この手の話は100％愚痴に流れてしまう。

「自分はこんなにがんばったのに」「上の人たちが私を認めてくれない」「いつも周

囲と比較されて……」などと愚痴られ、ときには泣かれてしまうこともあるだろう。そういうやっかいな状況を招かないためにも、話を聞きながら話の向かう方向をコントロールすることが必要だ。

❖「○○の面でセンスがある」と教えてあげる

悩みが生じるというのは、今の自分に自信をなくしているからであろう。自己否定に陥っているのだ。でも、周囲のために役立っていることは何かしらあるはずだし、その人にしかない能力というものも必ずある。

だから、「落ち込む気持ちはわかるけど、○○という面であなたはセンスがある」といった、その人のよい面を具体的に伝えてあげる。そうすると、はじめてのプレゼンで社長から褒められたことがあるなど、過去の成功体験を思い出し、自分を客観的に見られるようになる。

つまり、**どんな小さなできごとでもよいから、相手が自己肯定できるように話を聞いてあげる**のだ。その時間が続けば、自信を取り戻すきっかけをつくれる。すこし視野が広がり、自分を客観的に見られるようになる。自分の悩みなどまだ取るに足りないことなのではないかと思えるようになる。最終的に、相手が気持ちよく自慢できるように持っていければ言うことはない。

また、その場で答えないというのも一つの方法だ。「ちょっと飲みに行くか」「お茶でもしようか」など、話す場所をセッティングすることが答えという行為になる場合もある。その場でひと言でズバッと答えようとしなくてもよいのだ。

こうした関係の土台ができたら、「あの人に話すと悩みが解決する！」と相手は感謝するだろう。そうしたら、「あなたは自分で解決策を見出したではないか」と、相手に花を持たせてあげる。

会社を辞めたいという相談だけに限らない。仕事がうまくさばけない、結果を出せない、苦手が克服できないなど、仕事をしていれば悩みがない人などいない。学生は学生なりの悩みがあるし、家庭や人間関係の悩みを抱える人もいる。

いろいろな立場から相談を受けたとき、相手に寄り添おうとして言ってしまいがちなのが「みんな同じだよ」だが、これはプライドを傷つけるので要注意だ。「同じような経験が私にもあってね」というのも取り扱いを慎重に。自分の体験が相手にとって役立つと確信できるなら話してもよいが、「自分の場合はたいしたことなかったけど」とエクスキューズを必ず添えることが必要だ。

悩みとは相談者の独自のものだ。その点を尊重することを忘れてはならない。

▼自己否定に陥っている状態から、自己肯定できる状態へ導くような声の掛け方を。

▼「○○という面でセンスがある」「入社時から○○の面は秀でていた」「苦手と言うけれど最近の○○（プレゼンなど）は最高のできだった」「あなたが周囲から好かれる人だというのは、皆が認めていますよ」など。

「すごいですね〜」と持ち上げてばかりの人

褒めるなら量より質

ご機嫌取りだと思われるのは損

上司の話に部下が「すごいですね〜」と返す。部下としては、上司は部下の言葉などそれほど聞いていないと思っている。だから、話を聞く姿勢を見せ、適度に持ち上げていればその場の役目を果たしたと油断しがちだ。

しかし、それは違う。上司は部下の対応をよく見ているものだ。そして、褒めてほしいと思っているし、どう褒めてくれるのか、本心から褒めているのか、実はしっかりとチェックしている。

最近は少なくなったが、はじめて仕事をする編集者から「先生のご著書はどれもおもしろくてすごいですね〜。僕、全部読みました」と言われることがある。

本当に拙著をすべて読んでいるなら、それは驚きだ。私は200冊をゆうに超える本を出版している。どんなに読書家であっても、読破しているということはあるまい。相手がこちらを持ち上げようとして言っているのは明らかなのだが、調子のよいお世辞を言っていると、思わぬ失敗をする。

日常会話のなかで、「すご〜い！」「いやあ、驚きですね！」と感嘆してみせるだけでは、単なるご機嫌取りにしか映らないことがある。そして、適当なことを返しているとバレることもある。**せっかく本心から褒めているつもりなのに、まったく相手を喜ばせていないとしたら、そんなにもったいないことはない。**

◆自分に引きつけた答えが効く

たとえば、相手が何か自慢めいたことを言って、それに対して褒めて返したいシチュエーションでは、**目に見える事象よりも、自分なりの光の当て方を工夫する**のが効果的だ。

知人が興したベンチャー企業が業績を伸ばしているとしよう。収益高や従業員数など誰の目にも見える事象を褒めるのもよいのだが、最も相手に響くのは、実際に自分が利用していてよかった点、これまでの企業にはなかった便利な点など、自分なりの独自の視点で見つけた美点であろう。

人間というものは、量よりも質を褒められたいのだ。

だから、**本当に相手を喜ばせるような答え方をしたいなら、「どこが」「何が」「どんなふうに」すごいと思ったのか、**具体的に言わないといけない。大切なのはリアリティだ。先に（1章33ページ）で「ジャンル」と「切り口」の話をしたが、その「切り口」に当たる内容を伝えるのがベストの対応といえよう。その際、自分に引きつけて考えればよい。

相手「会社が順調で、専門誌の取材を受けたよ」
答え△「業績が前年比50％アップだって？　さすがだね～」
答え◯「サービスを利用してみて、僕としては充実したアフターケアに驚いたよ」

「私としては○○の点がよかった」「こう感じるのは、私だけかもしれませんが」「個人的な感想ですが」という具合に、自分に限定してしまうわけだ。この手のフレーズを頭につければ、どんなことでも特別感が出る。

さらに、**「こう感じるのは、○○な私だけかもしれませんが」**の「○○な」の部分に**「マーケティング職に憧れている」「田舎育ちの」「イギリス赴任の経験がある」**などのフレーズを加えれば、より自分に引きつけた意見だということを強調できる。

このように返せば、相手はたいてい納得してくれる。それどころか、表層的な言葉ではなく、本心から褒めてもらえたとご満悦であろう。

ただ、あまりにも的外れなことを言ったのでは、信頼を失ってしまう。相手が真顔で「そこ?」と返してきたら、ハズレと思ったほうがいい。

▼自分に引きつけた「切り口」で答えにリアリティを盛り込む。

▼「こう感じるのは私だけかもしれませんが」「個人的な感想ですが」と最初に言ってしまうことで、自分の土俵へ引き込んでしまう。

相手の話題に合わせているだけの人

存在感ゼロになっていないか

「うん、うん」「ええ、ええ」とうなずき、「わかる、わかる」と相手の話に合わせているだけの人がいる。受け答えの態度は非常に感じがよいのだが、自分から話題を提供することはない。相手が指定した話題の枠から出ないようにしているのかとさえ思う。

意図的に会話に参加しないのであれば、それはそれでよかろう。だが、そういう人は、コミュニケーションに萎縮し、自分の出る幕ではないと思っているのだろう。自分は話し下手だと思い込んでいる人は、このパターンに陥りがちかもしれない。

会話に参加したくても、出しゃばるだけの情報を持っていないのであれば、黙っているより仕方があるまい。その会話に乗っかるための質問事項さえ思い浮かばないこともある。話題になっている分野について知識がなければ、ただニコニコして聞いているより仕方がない。

だが、いつもこうだと人から相手にされなくなる。自分は「感じのいい人」としてその場にいるつもりでも、空気のような見えないものとして扱われるようになる。そのうち、軽んじられるようになる。

存在感を示すためには、何か発信しなくてはならない。**このようなときこそ、効力を発揮するのが感情を押し出す答え方だ。**

一石を投じる方法

たとえば、社員のモチベーションを高めるために社内で朝活をしようという話題で盛り上がったとする。

この種の人は、賛成したいと思っていても、まずは空気を読んで聞かれたことにはっきり答えようとしない。遠慮もあるのだろうが本心は、何か立派なことを言わなくてはいけないと考えているからではなかろうか。

そのようなとき、**「私はそういう試みは大好きです」「ぜひやってみたいですね」「最高だと思います！」**と、プラスの感情を押し出す。

また、ずっとおとなしくしていたが、どうしても存在感を示さねばならないというときは、少々ハードルが上がるが、逆に**「私はそういうのは嫌いです」「イヤです」「苦手です」**と答え、「嫌い」という感情を押し出す。

「そういう考えには反対です」「賛成です」と言うと根拠を述べなくてはならないので、感情で押し通すのだ。「私はかつてこういう体験をしたことがあるので、それは好まない」とか「好む」というふうに、あくまでも自分個人の感情なのだというトーンで答えていく。

「なぜだ？」と聞かれても、根拠ではなく気持ちを伝える。「それは個人的な感想だろう」とたしなめられても、「はい、そうです。でもどうしても違和感があるのでイヤです」「好きなものは好きなんです」という具合に、感情の問題として受け止めるスタンスを貫くわけだ。

どちらの場合も、相手や周囲に丸め込まれないための方策になる。「感情で言われたら仕方ないな」と考える人もなかにはいるだろう。いつも発言しない人の言葉だからこそ、周囲に響くということもある。そうやって、場に一石を投じるわけだ。

相手の話題に合わせてコミュニケーションを取ってしまいがちな人は、一度答えてしまったらその答えは永久に変えられないと思っているふしがある。だが、感情は日々変わるものだ。人間は常に変化しているのだから、変わらないほうがむしろおかしい。

だから、たとえ「好き派」から「嫌い派」に転向しても、あるいはその逆であっても、誰もとがめることはできない。この答え方のメリットは、そこにあると言ってもいい。

以前、タモリさんが「この間言っていたことと違うじゃないですか」と問われ、「そりゃそうだよ、人間は変わるから」と飄々（ひょうひょう）と答えたのを聞いたことがあるが、まさにそれでいいのだ。

いつも感情で答えていると、愚鈍に見えるリスクがあるので奥の手として利用することをおすすめする。雑談の場合、相手はもっと本音を答えてほしいと思っているかもしれない。**感情を垣間見せることで、コミュニケーションを円滑にできる。**

▼「私はそういうのは嫌いです」「私は好きですよ」と感情に焦点を絞れば、根拠を述べる必要性から逃れられる。

▼感情は変わるものだから、何を答えても後で変更できる。

自分の非を認めない人

「だって」「でも」「だから」はNG口癖

完璧幻想にとらわれるな

謝れない人がいる。明らかに相手は謝罪の態度を求めているのだが、謝ろうという気がみじんもない。そういう人は、自分がミスを犯したにもかかわらず、自分の非を認めようとしない。そして、自分が周囲から「非を認めない人」だと思われていることに気づいていない。

たとえば、仕事の納期が守れなかったり、ものごとが停滞してしまうことがある。上司が進捗状況を知りたくて、「今どんな具合だ?」と尋ねると、「遅れています。でも、取引先の○○さんの仕切りが遅れたんで」などと他人事のように答える。あくまでも、自分に非はなく、ほかに原因があることを最初に答えるのだ。

そういうとき、たいてい「だって○○だから」「でも○○なんです」「だから○○だと言っているじゃないですか」という具合に、自分の正当性を主張する。

日常会話において、**「だって」「でも」「だから」などの言葉が出るときは、不平不満を示したいときだと相場が決まっている。**家庭ならまだしも、パブリックな場所でこのようなニュアンスで答えていると、信頼が遠のくのは自明の理だ。

学生など若い人たちを見ていると、自分が当事者ではないときは「だって自分のせいではない」と主張し、認めざるを得ないときには「でも自分だけではない」と主張する。どちらも「自分には非がありません」と言っている。

こちらは何もいきなり叱ろうと考えているわけではない。だが、**「自分のせいではない」「自分だけではない」から答えはじめると、最後まで頑なになってしまう。**そのような態度は、子どもっぽい印象を与える。

このような人は、責任を問われるのがイヤなのだろう。責任感と向き合うことを避けて、頑なに自分の小さなプライドを守っているのだ。誰かが慰めてくれたり、やさしく導いてくれたら素直に謝れるが、自分から謝る術を知らない。

だが、完璧でなければいけないという幻想にとらわれているのは自分だけで、周囲はそれほど期待していないという現実を知るべきであろう。

体育会系の人をヒントにマイナーチェンジ

こういうジレンマを感じたことがある人は、マイナーチェンジを試してみてはどうだろう。その際、体育会系っぽい振る舞いを参考にしてみるといい。

謝らなければならない場面なのだが、その手の言葉がスラスラ出てこないというときは、**とりあえず、「すみません！ 自分のミスです」と大声で大げさに言ってみる。**正々堂々としていてすがすがしい、体育会系のキャラを演じるつもりでやるのだ。周囲が驚いて、笑いが起これればしめたものだ。

謝るとか、誠意を見せるという行為は、家庭ではできても社会では実践できないということが起こる。またその逆も十分にあり得る。だから、トレーニングが必要なのだ。体育会系の部活やサークルの経験がない人は、身近にいるその手の人の言動を真似てみるとよい。

答え方が変われば、コミュニケーションが変わる。使う言葉が変われば、思考も変わる。これまでは素直に謝ることのメリットに無自覚だっただけで、これからはコミュニケーションでもっと得していけることだろう。

▼ **自分で責任を取るつもりで答える。**

▼ **体育会系キャラを演じるつもりで「すみません！ 自分のミスです！」と大げさに言ってみる。**

専門用語を連発する人

相手の顔色を観察しながらワードをチョイス

答え方で境界線を引いていないか

すこし前の話になるが、「ではリスケしましょう」と返事をされて了解したものの、リスケの意味がわからず困ったことがある。その後、リスケジュールの略で、ビジネス用語として定着していることを知ったが、私の周囲でその言葉を使っている人にはなかなかお目にかかれない。

またあるとき、「原稿の表現の一部をこちらで変更するアローアンスをいただけますか」と言われた。「許可」の意味だと察したが、何もそこで英語を用いることもなかろう。ビジネスでの使用頻度がどれくらいのものなのか、未だによくわからない。

こういう具合に、カタカナ言葉や略語をやたらと織り交ぜて答える人がいる。

たとえば、そのような人は、リーダーシップ論について尋ねられたとき、「今はアダプティブ・リーダーシップのあり方が企業の将来性を決めるよね。その方向にマインドセットしていくのはもはやマストで、そうでなくては生き残れない」などと答える。

いかにもスマートな印象を与えるのは、先進的なビジネスワードを使っているからであろう。

会議などでこう発言すると、確かにできる人と思われるかもしれない。だが、**周囲の人間からすると「もうすこしわかりやすく答えてくれると助かるのだが」というのが本音ではないだろうか。**

それは当然のことだ。日常会話で自分の知らない用語やあまりなじみのないワードを頻繁に出されると、こちらの存在を排除されたような気になる。だから、いつもそのような答えが返ってくると、尋ねたほうは少々うんざりしてしまう。つきあいづらい人だと感じるようになるのだ。

相手のひけらかしに乗ってはダメ

とくに、注意が必要なのは業界特有の専門用語だ。仕事関係者の間では日常語になっているため、特殊な言葉であるという意識がしだいに薄まっていく。それでつい不用意にさまざまな場所でいろいろな相手に連発してしまう。

こちらが尋ねたことに対して、よく知らない専門用語を多用して返されるのもまた、相手と自分との間に境界線を引かれたような印象を受ける。

だから逆に言えば、専門用語をあえて交ぜて会話することで、「僕たちは仲間だよね」と囲いを作り、「今の会話がわからない人はどうぞお引き取りください」と圧力をかけることも可能なわけだ。

こうしたことを戦略的に行うならまだしも、答える際、無意識にひけらかしとしてやってしまうのが一番やっかいだ。**本人は知性をアピールしてちょっと尊敬されたいと思っているのかもしれないが、そうは受け取ってもらえないだろう。**

本当に頭のいい人は、相手が専門用語を連発しても、それに乗っかってさらに専門用語でかぶせて答えるようなことはしない。難しい言葉を易しい表現に置き換えて答えてくれる。

たとえば、さきに挙げた「今はアダプティブ・リーダーシップのあり方が……」のような答えであれば、「今は変化する状況に組織を適合させていくリーダー力が不可欠で、そういう考え方を社全体で共有していく必要がありますね。臨機応変力のようなものです」という具合だ。

非常に大切な対話や会談において、自分が使う言葉に神経を使わない人はいないはずだ。相手に伝わる言葉をチョイスできているかどうか、チェックしながら用心深く発言するであろう。

そこで、日頃から相手の顔色を観察しながら言葉を選んでみる。どうも相手に伝わっていないと感じたとき、普段使っている専門用語やカタカナ略語を相手がわかる言葉に言い換えて答えるだけでも、コミュニケーションは大きく変わる。

もしも上司や部下がこの手の答えを連発するタイプなら、隣で「翻訳」してあげれば周囲からの信頼も増すであろう。

▼言葉が相手に伝わっていないと感じたら、専門用語やカタカナ略語を易しいワードや一般的な表現に言い換えてみる。

結局、自慢している人

収束のひと言を活用する

何度も繰り返しているそのネタに注意

出張報告をすれば、「先方の社長に気に入られたみたいで、夜はごちそうしていただきました」「想定以上の注文が取れましたよ、ダメ元で○○部長に声を掛けたのが功を奏したんです」と、**答えが自慢になっていく人がいる。**どんなときでも自分がいかに活躍したのかを語ってしまうのだ。

私はこれまで何冊か自慢をすすめる本を書いてきた。だから、必ずしも自慢そのものが悪いわけではない。だが、なんと下手な自慢が多いことか。しかも、やっかいなことに、偉くなればなるほどその傾向が強くなる。

以前、すごい方がいた。食事をする機会があったのだが、政治について尋ねると、政治家の誰々とこれこれこういう縁があると語り、経済に質問を変えると、今では当たり前になったアイデアの数々は元々自分の提案だと語る。

レベルは違えど、この手の人は身近にいるだろう。「先代の社長にかわいがられてね」というのが枕言葉の役員や部長はどこの会社にもいそうだ。

こういう人たちは、自分の話が人の役に立つと信じているから、聞かれたことに対して何度でも同じ話で返せるし、食事の間や東京から大阪へ移動する新幹線の車中でもそうした会話を延々と続けられる。

ビジネスに限らず、プライベートでも同じだ。夏休みをどう過ごしたかという話題になったとき、皆が旅する楽しさを語るなか、いかに自分の旅が贅沢を極めたものだったのかだけを答える人がいる。

そういう人は、そもそも自慢しているなどとは思っていないのだ。当然ながら、相手が聞きたいことと答えがズレていたとしても気づかない。

自慢は自虐で緩和させる

もしも自分がそうだったら、自分で気づかないかぎり直らない。誰も教えてあげようなどとは思わないだろう。

対策は難しいのだが、**万が一「自分もやっているかもしれない」と気づいたら、答えの最後を自虐でまとめるとよい。**出張報告の場合なら、「とはいえ、先方からダメ出しも食らったんですけどね」、豪勢な旅を自慢してしまった場合は、「そんな素敵なプライベートビーチだったけど、水着姿はひどいものでした」という具合だ。

このように最後をまとめると、自慢を緩和できる。

また、年配の方が過去の経験を長々と自慢してしまったときは、最後に「自分の時代と今は違うけど、こういう話も役立つかと思ってね」とつけ足すといい。つまり、自分の話を役立てよという方向でまとめると説教になってしまうが、自分から離れた視点で見ていますよというニュアンスを込めれば、教訓や説教のトーンは薄まる。一般論として受け入れられやすくなる。

要するに、**「答えの最初のひと言」があるように、「答えの収束のひと言」もある**のだ。それが、解毒剤の働きをしてくれる。終わりよければすべてよしで、そのひと言で印象は大きく変わることを覚えておこう。

相手の反応が薄い、返事が上の空など、「もういいですよ」のシグナルをキャッチしたら、**「君のほうはどう？」**と相手に質問を返して、それ以上自慢を続けないようにするのも一つの手だ。こうすれば、上手な自慢になり、それは一つのアピールになる。

▼答えの最後を調整するだけでも、印象が大きく変わる。

第4章

雑談が気まずくなる答え方、気まずくならない答え方

「最近どう？」にモゴモゴしてしまう人

キャラ設定でスムーズに

ネタ仕込みよりも重要なことがある

「口下手だから雑談が苦手」と思い込んでいる人がいる。そのため、なんとか克服しようとして雑談のテクニック本を読んだり、スマホの雑談ネタアプリでせっせと話題を仕込んだりしている。

しかし、雑談というものは、こちらの意思とは別に向こうからやってくることがある。そのため、**真面目な人ほどいちいちきちんと対応しようとして右往左往する**のだろう。

確かに、知人から**「最近どう？」**などといきなり声を掛けられ、モゴモゴしてしまうことは誰にもある。「週末はどこか出掛けるの？」「連休は何してた？」などと挨拶代わりに聞かれて、ちょっと面倒に感じたりもする。だが、それほど真剣に悩まなくても、軽やかに対応することはできる。

私の場合、「あいつはクラシック音楽好きなちょっと変なヤツ」だと周囲に思われているので、相手もその手の話を振ってくることが多い。仮に音楽に関係ない話を振られても、こちらは自分が好きな音楽の分野から発想して答えることを続けていると、周囲は「あいつに聞けばそういう答えが返ってくるだろう」と予想して話し掛けてくれるようになる。

私自身は、雑談したくなければしなくてもよかろう、無理して会話で場の空気を生み出そうとしなくてもよかろうと考えているタイプの人間だが、実はそれほど雑談が苦ではない。むしろ、気楽に構えていられる。

要するに、**「私はこういう人」と自分のキャラを決めておくと、雑談の返しが非常にラクになる**のだ。とくにそのキャラが際立ったものであれば、何を言っても大丈夫ということになる。

その好例がマツコ・デラックスだろう。たとえば、「笑いの絶えない家庭を作りたい」というありがちな決まり文句に対し、「毎日笑いが起きてる家庭なんて、この世に一軒もないよ！」などと毒づく。しかし、それは現実に対する鋭い指摘だ。マツコさんはただ毒舌キャラというだけではなくて、誰もが言いたくても言えなかったことを言える代弁者キャラでもある。あのキャラだからこそ「あの人が言うからおもしろい」「納得できる」というふうに支持を得るのだろう。

つまり、雑談で気まずくならない答え方の基本は、**ネタの仕込みよりもキャラ作り。**得なキャラを見つけてそれを演じることがコミュニケーションには大切で、その準備があれば、雑談で悩むこともなくなる。

◆雑談嫌いでも気楽にやれる

インスタグラムやフェイスブックにアップする情報も、こういう自分を演じたいと思ってやっているわけで、いってみればキャラだ。

雑談もまさにそういうものであって、自分でこうありたいというキャラを作って演じればいい。いちいち真剣勝負のように真面目に対応したり、本当の自分をさらけ出す必要はないのだ。

「最近どう？」と聞かれて、「離婚協議中なんだよ」「子どもが引きこもりでね」などと答えたら、気楽に声を掛けたつもりの相手はびっくりしてしまうに違いない。

それよりも、**「いやあ、今朝もゴミ出し係ですよ」**と恐妻家を演じたり、**「今日は最高傑作のキャラ弁ができました」**とイクメンぶりを披露するなど、**キャラとして返されたほうが、声を掛けたほうも受け入れやすいうえに話にも乗っかりやすくなる。**ひいては、互いにちょっとした雑談の時間を楽しむことができる。

最初はこうした一般受けしやすいキャラから入るのがベストだろう。食いしん坊キャラ、運動大好きキャラなどいろいろある。

そこから徐々にオリジナル感を極めていく。趣味の分野を前面に押し出してもいいし、○○王子、○○女王など得意なことを強調してもいい。「あの人は○○な人」という印象を浸透させていけば、やがて「得する自分のキャラ」を築いていけるだろう。

何者でもない自分として会話に参加していると、ぼやっとしているうちに何を答えたらいいかわからず沈黙してしまったり、聞かれてもいない個人的なことばかり話し続けることになる。その場にふさわしくない本音をもらしてしまうことにもなる。そうなると、雑談に水を差すことにもなりかねない。

だから、自分自身に色をつける。自分はこの色と決めて通してもいいし、この集団では青、こちらでは白というふうに、その場に応じて変えるのもよい。

その色がすぐに定着するわけではないので、雑談のなかで楽しみながら実践を重ねていくのだ。

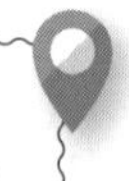

▼自分が設定したキャラから返答し続ける。
▼最初は一般受けしやすいキャラ↓オリジナリティあふれるキャラへ。

重い話を重いままする人

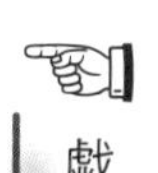

戯画化で軽くおもしろく

周囲に好まれる返し方

私くらいの年齢になると、友人との話題のほとんどが健康と年金と親の介護だ。健康診断や人間ドックの結果がどうした、年金だけで将来暮らせるのか、親がボケはじめた、介護施設が見つからないなど、どうしてもその手の話になる。

実際にはどれもシビアなテーマだが、たいていおもしろおかしくエピソードを披露し合い、笑い合っている。それなのに、ときどきそこがどんな場面かをあまり考えず、話を振られたとたんに重いテーマを重いままにぶちまける人がいる。

何か聞かれると暗い表情を浮かべ、しかしながら待ってましたとばかりに深刻な話を深刻なトーンで語りはじめる。境遇をぼやいたかと思えば、日本の社会保障制度はおかしいなどと社会への不満をぶちまけたりもする。皆で楽しむべき雑談を一気に自分ワールドに持っていってしまうのだ。

さらに、この種の人は周囲にあれこれ質問してくる。いい情報を持ってないかと探ったり、「こういう場合、君ならどうする?」などと聞いてくる。

これでは雑談ではなく相談だ。会話はどんどん重苦しいものになってしまうわけだが、このように話の展開や誰かのひと言がきっかけになって、他愛ない話が急に現実的な話にすり替わるということは雑談につきものだろう。

もちろん、真剣な相談ごとには真剣に答えたほうがよい。人としてそれは当然の行為だ。とはいえ、誰かが周囲にはどうにもできないような重い話をはじめてしまい、止められなくなっているようなら、その深刻なトーンを軽減させてあげるといい。そこでポイントになるのが戯画化だ。

私の友人たちも、話を振られて自分の番になったら、今までで最もひどいできごとやちょっとした事件を、ささやかな笑える話に脚色して披露している。

「最近どう?」と聞かれたある友人は、たとえば、ボケはじめた母親がちょっとした騒動を起こしたことをこんなふうに話してくれた。

「まだらボケのおふくろが散歩するのを探偵気分でこっそりつけてみたんだよ。そうしたら、知らない家の庭に干してある洗濯物を取り込んでたたみはじめちゃった。働き者だからね～、うちのおふくろ！　その家の人もいい人でさ、おばあちゃんまた来てねなんて言ってんの」

介護をはじめたばかりだと、身内は親の言動の変化にショックを受けるものだ。問われるままに深刻に返してしまえば、周囲は心配し、同情しつつも何と言葉を掛けたらよいかわからなくなってしまうだろう。

だからこそ彼は、深刻に話そうと思えばいくらでも深刻になるところを、軽い笑い話とさえ思えるトーンにして語ったのであろう。その場がふっとなごんだのは言うまでもない。

このように、**事実をすこしデフォルメし、4コマ漫画のように最後にちょっとしたオチがつくようにできごとを伝える。**雑談をしていてありがたいと感謝されるのは、こういう返しができる人ではないだろうか。

雑談にリアルはいらない

つまり、雑談にリアルは必要ない。できるだけリアルから距離を置くことで、自分のキャラを作れるし、その場で軽やかに演じることができる。そうすれば事実を事実として伝える答え方だけでなく、深刻な話を軽くおもしろくまとめて返せるようになる。

話している相手がどんどん深刻になってしまうときは、**「史上最悪ナンバーワンだね、一杯おごるよ」「それだけ悪運が続いたら、もう幸運しか残ってないんじゃない？」**などと、あえてユーモアを交えて返してあげるのもいいだろう。

もしも自分自身が深刻ぶってしまうタイプだと気づいたら、ものごとのおもしろい面を捉えるクセをつけるとよい。自分の失敗や失態を軽い笑い話にまとめてみる、自分が思わず笑ってしまった話に似たことを自分の体験から探してみる、またそういう話がうまい人を真似てみるのもいいだろう。

▼事実をデフォルメし、4コマ漫画のようにできごとを語る。

▼リアルから距離を置いて、その場を演じるつもりで会話に参加する。

会話を続かせたいのに途切らせてしまう人

「最初のひと言」で楽しい会話を予感させる

間を恐れなくても大丈夫

雑談を続けるのがうまい人と、そうでない人がいる。続かせたい、もしくは間を持たせなければならないのにそれができず気まずい空気が流れてしまうとき、どんなことに注意して答えればいいのか。

「元気?」「お久しぶり!」などと、誰かが声を掛けてきたとする。その相手が同僚や友人などとくに気を遣わない間柄で、気楽に流しても大丈夫なときは「まずまずだね」「ぼちぼちだね」と返せばいい。気の利いたことを言おうなどと構えることはない。これは何も改めて言うまでもない、コミュニケーションの基本であろう。

ただ、このようなごくありふれた返事にもちょっとしたコツがある。ビジネスの場面であれば、どんなことにも早めに返すほうがよい。その間があまりにもあると、仕事のスイッチが入っていないと思われるからだ。

だが、**仕事から離れたシチュエーションでの雑談の場合、即座に答えることだけが大切とは限らない。**無理やりオンの状態にしなくても、むしろ間を持たせたほうが相手とじっくり対応できる。

たとえば、「最近どう？」と声を掛けられたら、「うーん」といったん考えるような態度で受けてみる。「そうだなぁ……」「えーっと」でもよい。そういう姿勢を見せることで、その間を共有できる。間が空いて、「愚鈍だな」などと思う人はいないだろう。雑談において間は、場を作る効果があるのだ。

そして、そんなふうに間を取っているうちに、「そういえば……」と何かいい話題を思い出すこともある。なければ**「そういえば……とくに何もなかったな〜」**と笑いを取れる。

このように、一度会話を受けた後で**「で、そっちはどう？」**と質問で返せば、雑談がスムーズに進む。途切らせてはダメだと慌てて返事をするよりも、よほどいい時間を生み出すことができる。

相手をハッとさせるのがコツ

では、声を掛けてきた相手が、気楽に流すのは気が引ける人だったらどうか。

相手が「仕事どう？」「がんばってる？」といった仕事モードで問いかけてきた場合、うまく行っているときこそ、最初のひと言で「最悪です！　今朝犬の糞を踏みました」などと返す。そして、その後に「昨日の○○社の交渉、一発オッケーいただけたのでひと安心です」と、うまく行っている具体的なことがらをコンパクトに伝える。

反対に、うまくいっていないときは「絶好調です！　朝から肉食いました！」などとまず答えて、「例のトラブル、まだ収束してないんで、今夜も徹夜の可能性大なんですよ～」という具合に続ける。

つまり、**答えの最初のひと言で相手をハッとさせておいて、その内容とは反対のことがらを続ける。**このような答え方をすると、相手が雑談に乗ってきやすくなるだけでなく、「仕事どう？」「がんばってる？」という問いかけにもスマートに対応できるのだ。

また、**「○○さんのせいでこっちは朝から大変ですよ〜、今度おごってくださいね」「もう本当に生きていてよかったです、これも○○さんのおかげです」**などと、相手にからめた大げさなひと言で気を引いて、相手が「何があった⁉」となったところで、ネタばらしをしたり、他愛ない話題を続けたりしてもいい。

このようなちょっとした答え方の工夫で、何気ない雑談を途切れることなく続けさせることができる。

さらに、高等技術も紹介しておこう。たとえば、**「見てましたよ〜」**などと、相手の興味を引くようなひと言で返す。いきなりこう言われると、相手はギクッとするだろう。何かやましいことを隠しているような人は焦りまくるはずだ。

そう言って関心を引きつけたうえで、「昨日、○○さんとランチしてたでしょう」と相手が「なんだそんなことか」と笑い出すようなことを言ったり、「非常階段でタバコ吸ってたでしょう」と、本当は見ていないウソ話をするのもいい。実はそうかもしれないし、違えば違ったで「じゃあ、あれはきっと□□さんだったんだ」「多分そう。僕はもう加熱式タバコに変えましたから」と、他愛ない会話を気楽に続けることができる。

要は、相手を落として上げるようなフレーズで意表を突く。「ひどいですね〜」「向いてませんね〜」なども使える。

▼流してもいい気楽な相手の場合は、「うーん」と間を持たせてゆったり答える。
▼ぜひとも会話を続けたい相手の場合は、「答えの最初のひと言」で意表を突く。
▼さらに高等技術として、相手がギクッとするようなひと言で気を引いて「落として上げる」作戦もアリ。

自分の話をするのが雑談だと思っている人

ワンクッションとテンポがカギ

相手のフィールドに近づける

朝、上司と同じエレベーターになり、「おはよう」「おはようございます」と言葉を交わした後、無言の気まずい時間が流れる……。通勤電車のなかや退社時の駅までの通勤路などで、会社の人間と二人きりになってしまうというのは日常でよくある場面であろう。

そのような逃げ場がない状況で、**ちょうどいい距離感を保ちながら気の利いた雑談ができずにせっかくのコミュニケーションの機会を逃している人**がいる。

たとえば、人に会うとすぐに「いきなり」の話をはじめてしまう人はその最たるものだ。

課長に「おはよう」と声を掛けられ、「おはようございます」と返し、すぐさま「今日の会議は○○部長も出席されるそうですね。そういえば、課長は○○部長の部署が長いと聞きました。どれくらいなんですか?」と続けてしまう。

上司が熱血仕事人間ならともかく、そうでなければ、心のなかで「いきなり仕事の話か」と思うだろう。そして、「その質問は今でなくてもいいだろう」と感じるだろう。

この種の人は、このように話をつなげつつ、「僕も○○部長のところでずっと仕事がしたいんですよね」などと自分の話へ持っていってしまうことがある。それでは、上司に、「結局、自分の話ですか……」とあきれられかねない。

仕事の場では、いきなり仕事の話をするのではなく、まず雑談をしなさいと教えられる若手社員は多いと聞く。その場合の雑談は、自分が話したいことを話すのではなく、**相手が話したいことや相手が尋ねてほしいことを話題にしなければ意味がない。**

だが、この例のように自分がしたい話を思いつくままにして、その間がなんとなく持てばうまく雑談ができた、いや、自分は雑談で相手を喜ばせることができたとカン違いしてしまう人がいる。相手が「君の雑談はなってないね」などと指摘してくれるわけではないので、そこそこの年齢になっても気づかないことは多い。

何を話してもよいせっかくのタイミングで、事務的な話に終始するというのはあまりにも無粋だ。さらに、その場にそぐわない質問をしたり、最終的には自分の話をしているのに気づかないのは非常にもったいない。

そこで、このような状況では、挨拶を返すのに加えて、仕事以外のことでワンクッションを入れて答えるのが得策だ。基本ポイントは、**相手が話したいと思っていることに照準を定める**ようにすることだ。

ゴルフ好きな上司なら、「ゆうべの全米ゴルフ、ご覧になりましたか」。将棋が趣味の先輩なら、「藤井聡太、すごすぎですよね」。つい先週他社の飲み会に参加したことや、先月同伴した出張先で食べた名産品のことなど、共通の体験を振るのもよい。「そういえば……」を使うなら、そのようなネタのときであろう。

森羅万象、芸能ネタから政治経済まで、相手の好むネタを握っておいて頭のファイルに入れておき、雑談タイムに取り出す。答え方のうまい人は、このような些細なことを答えにつけ加えて、得をしているわけだ。

会話の指揮者になる

相手がこちらの答えや投げかけを受けて、雑談を続ける様子で話しはじめたら、「なるほど」「そうなんですね」「うん、うん！」とうなずきなどのリアクションを早め、細かめにする。そうすることで、会話に対応していますよとアピールできる。そして、さりげなく会話のテンポをアップさせることで、軽快感を演出できる。

うなずきや相槌も答え方のテクニックの一つだ。実は、これらは音楽でいえば指揮者のような役割を持っている。答えるほうがうなずきや相槌のテンポを速くすれば相手もテンポアップするし、反対にテンポをゆったり取れば相手も長めの間を取って言葉を返してくるだろう。

つまり、答えるほうが相手の話し方を指揮していることになる。実は、会話の主導権は答える側が取ることができるということだ。

会話が続き、こちらからも話したいことが出てきたら、うなずきのテンポを速くして相手の発言の終わりにこちらの言葉を被せていってもいい。コミュニケーションにおいて、相手の発言に被せるのはタブーだと思われているようだが、雑談ではむしろ乗せたほうがよいムードをつくることができる。

相手もノッてきたとわかって、迷惑に感じる人は少ないものだ。

会話がしづらい人というのがいるが、ほとんど場合、原因はテンポにある。とくに相槌だろう。

たまに相槌をまったく打たない人がいるが、怒っているわけでも相手を見下しているわけでもない。ただ、相手の話を聞いてうなずかないだけなのだが、話している側にとっては非常にストレスになることを覚えておこう。

雑談が自分語りの時間になりがちな人は、今挙げた二つの点に気をつけてみるとよい。とくにビジネスの場における雑談は、アピールチャンスだ。「答え方」に気をつけて相手に花を持たせるように仕向けて好感度を増し、しかるのちに自分の土俵へ引き込んでいけば、その時間を有効に活用できる。

- ▼雑談タイムを戦略的に捉え、アピールチャンスにする。
- ▼相手が話したいと思っていることをワンクッションにして挟む。
- ▼うなずきや相槌で会話のテンポを指揮する。

お約束のやり取りをこなせない人

もっと気楽に「様式美」を活用

謙遜を真に受けたら雑談が止まる

大学構内の階段を下りていたときのことだ。後ろから教員が来て、追い越すのをためらっているようだったので、「年相応にゆっくり行きますから、お先へどうぞ」と謙遜して言ったら、「下りの階段は危険ですから、気をつけてくださいね」と返された。こちらの謙遜を真に受けられて、私としては少々悲しかった。

オーバーな謙遜の表現というものがある。その場をなごませようとして、「俺なんてジジイだからさ」とか、「私なんてきれいでもなんでもないから」というのも同じようなものだ。その種の謙遜は、「いいえ、そんなことないですよ」というお約束の返しがほしくて言っていることがほとんどだ。

こういうセリフにはお約束のひと言で返すのが答え方の礼儀で、そうしなければそこで雑談が止まってしまう。真に受けるのはセンスがない。

また、以前こんなことがあった。海外の一流大学大学院出身の人に、仲間が「僕たちは君ほど学歴がないからさ」と言ったら「そうだよね」と返してきた。本来ならば、「いやいや」といった類の言葉が返ってくるものと予想していたので、その場にいた誰もが驚いた。そして、そのできごと一つで「あいつはそういうヤツだ」と語り継がれている。

いや、おそらく私自身も相手の謙遜を真に受けてしまい、お約束の返しをしなかったがために、「あいつはそういうヤツだ」と思われている案件があるのだろう。誰にも身に覚えのあることかもしれない。

ベタな返しが得策

一方、逆のパターンもある。「それにしてもお若いですね〜。本当にいつまでもおきれいで」などという見え透いたお世辞を言われたときに、黙っていると「本気にしてるよ！」と思われる。「あの人は自分を美人と思っている」と語り草になってしまいかねない。

とくに、本当にそう思っていたり、自慢に思っていたりするととっさに返せない。それも人間臭くておもしろいのだが、陰で何を言われているかわからない。

つまり、答え方でちょっとした失敗を重ねていると、それが語り継がれ拡散しないとも限らない。日頃の会話における些細な返しが、その人のイメージを左右しているというわけだ。

だから、面倒なこともあるだろうが、「お約束の返しのパターン」があるものはどんどん利用していくのが得策だ。

例「それにしてもお若いですね〜。本当にいつまでもおきれいで」

↓「そんなことないですよ、すっかりオバサンよ」

↓「褒めても何も出ませんよ」

↓「そういう○○さんこそ、□□ですよね！」

このような**ベタな様式美を踏襲する**のだ。そんなありきたりで平凡な返しはしたくないという人もいるかもしれない。だが、周囲に人が集まってきたり、チヤホヤされたりしているのは、案外、誰もがごく普通にこなせる様式美をうまく使って答えている人なのだ。

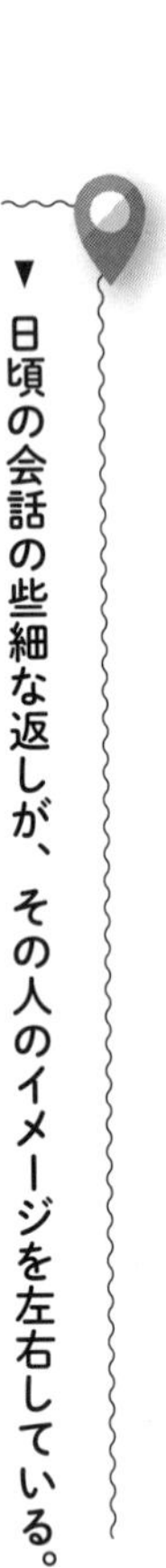

▼日頃の会話の些細な返しが、その人のイメージを左右している。

距離を詰めすぎる人

「わかる、わかる」「だろう？　だろう？」は取扱注意

同意が好感をもたらすとは限らない

それほど深いつきあいがあるわけでもない相手にいきなり距離を詰められると、居心地が悪いものだ。数回会っただけなのに、「あなたならわかってくれそうだから」と家庭の深刻な事情をあけすけに語られると戸惑ってしまう。

この種の人は、何かと距離感が近い。知り合ったらもうすぐに、相手のものは自分のもの、自分のものも相手のものと思っていて、やたらと共有したがる。**そういう人の返しの口癖は「わかる、わかる」「私も、私も！」だ。**恋愛でこの調子だと、相手にすぐ煙たがられるのは間違いない。

親しきなかにも礼儀ありという言葉があるが、人との距離感が取れずコミュニケーションで損している人は少なからずいる。

「わかる、わかる」「同じだ」「私も！」「僕も！」という同意の答えは、相手に共感を示すものだ。だから、非常に好感を持たれると思われがちだが、いきなりそう言われると**「そんなに簡単にわかると言われても……」**と不審に思われたり、**「あなたとは違う」**と鬱陶しがられたりすることもある。

相手に共感し寄り添おうとして、日頃の雑談でこのような答え方がクセになっている人は、一度見直してみる必要があるだろう。

会話にはパーソナル感が大切

さらに注意が必要なのは、次のような人だ。

昔の友人に、こちらが何か言うと必ずそれに対し、「俺もお前と同じ考えだ」と返したうえに、詰め寄ってくる男がいた。私の言葉尻を捉え、それに乗っかる形で「そうだろ？　そうだろ？　だから結託して教授に文句を言いに行こうぜ」とか、「だよな？　だよな？　あいつの考えは論理的に破綻してるってことをわからせよう」などと、グングンと距離を詰めてくる。

　これは同意の強要だ。「だろう？　だろう？」にしても、「でしょう？　でしょう？」にしても、自分の考えや答えに自信がないので、他者に同意を求めるわけだ。常に隣でこのような対応をされたら、一緒にいるほうはイヤな気分になるだろう。

　人と人がコミュニケーションを取るのは他者とわかり合うためで、つまり相手との距離を縮めるためだ。しかし、距離を縮めることができればよいというわけではない。大切なのは、**相手との距離を縮めながらも、どう近づきすぎないか**だ。

　だから、答え方においても距離感やパーソナル感をはかれるセンスのある人が、周囲から信頼され、好かれる。「わかる、わかる」「だろう？　だろう？」という返しを封じてみるだけでも、コミュニケーションは大きく変わるだろう。

▼距離を縮めながらも近づきすぎない人が好かれる。

話を取っていることに気づかない人

「で、何だっけ？」は魔法の言葉

❖トンチンカンな答えをしていないか

「それはいつ頃のできごとだったのですか？」と尋ねているのに、「大阪へ行ったときのことでして、そう最近、新大阪駅周辺の開発が著しくて……」という具合に場所について答えが返ってくる。

あるいは、「どうしてそのイベントに興味を持ったのですか？」と理由を聞いたら、今後の課題について悩みを吐露しはじめたりする。

このように、返事がトンチンカンな人がいる。よく聞いていると、どうも相手の発言のなかで自分の関心があるワードやテーマに反応し、反射的にリアクションして答えはじめてしまうようだ。

最初は相手の質問に答えようと考えているのであろう。**だが、自分が話したい気持ちが勝って、そのうち質問がどこかへ飛んでしまう。**相手は答えてもらえずじまいなのであきらめるか、もう一度重ねて質問する以外にない。

このような調子で、会話のなかで相手に話を取られることがある。「バイロイト音楽祭へ行きましてね。今年は非常によかったですよ」と話しはじめると、「音楽祭なら、私はザルツブルクが好きでね。ザルツブルクはですね……」と、話を取ってしまう。

取られてしまったと思って、何気なくまた自分がしたい話に戻すというのはよくあることだ。だが、取っている人はその自覚がないので、また取るであろう。要するに、相手の話に乗っかる気がないのだ。答えるチャンスのたびに話を取って、常に自分の土俵で話を展開したがる。

そのようにして、一度の会話のなかで3回も4回も取られまくったとしたら非常に不愉快になる。一対一で話していても、4、5人でも、おそらく取っているのは同じ人間のはずだ。

あるいは、意識的に取っている人もいる。相手の話がモタモタしているのでいらつくのだろう。口を開いてもどうせおもしろいことを言わないから、自分の話をしてしまえという人もいる。

傍で見ていておもしろいのは、質問しておいてそれに自分で答えている人だ。「○○ってどう思う？　俺はあり得ないと思うね。だってさ……」と、相手の答えを聞く気がないのだ。

◆やりすぎると「疎まれる人」になってしまう

当たり前のことだが、話を取るというのは答える側がやることだ。やりすぎればイヤがらせだし、下手をすればいじめにもなる。やっている本人はいい気分なのだろうが、そういう快楽を感じたときこそ答え方を見直すべきだろう。

そこで、答える際、次のようなことに気をつけてみる。

「それはいつ頃のことだったのですか？」と聞かれた場合、「いつ頃のことかというと」というふうに、相手の質問の肝の部分を繰り返す。

「どうしてそのイベントに興味を持ったのですか?」という問いかけの場合は、「興味を持った理由ですね」という具合にまず受ける。

これから自分が答える道筋を明確にしてから、話しはじめるようにするとよい。

話を取っている本人は、残念ながら、気づくことができないかもしれない。だが、もしも自分がよくやっていると気づいたら、**「で、何だっけ?」で相手に話を戻せる**ことを覚えておくとよい。

これは、会話をリセットできる魔法の言葉だ。

複数で話している場で誰かが話を取られたら、**「で、いつ頃のできごとだったの?」「で、どうしてそのイベントに興味を持ったんだっけ?」**と戻してあげると、取られた人から感謝されるだろう。

また、一対一で取られたとき、「で、何が言いたかったかというと」と話の途中で返せばさすがに相手も気づく。あまり目上の人にはできないだろうが、それでも雑談程度なら許されるだろう。

▼質問の肝を繰り返し、話の道筋をつける方法で改善できる。

▼一対一では「で、何が言いたかったかというと」で自力回復を試みる。

うまく答えられないときの「答え方」

答えに困ったらこの「はぐらかしテク」！

「答えないという答え方」もある

ここまでは、愚かな答え方をする人の例を挙げながら、どうすれば得する答え方ができるかについてお話しししてきた。

上司に仕事の報告をする際、小学生レベルの幼稚な感想しか答えられなかった人、一問一答で会話が続かなかった人、答えれば答えるほど途中から矛盾していた人など、知らず知らずに損していた日常会話で、今後は評価を上げ信頼を獲得できる機会が驚くほど増えていくことだろう。

とはいえ、日常生活ではさまざまな場面に直面する。答えづらいことを相手が執拗に尋ね、困ってしまうということもあるだろう。また、根回しのため自分に接近して言質を取ろうとする人がいるかもしれない。そのようなとき、うまく丸め込まれてすぐ本音を口にしてしまっては相手の思うツボだ。

そこで、私が本書の最後にお伝えしたいのは「うまくはぐらかす答え方」。言ってみればこれは、**本当は答えていないのだがいかにも答えたように相手に思わせるテクニック**だ。

これまでお話ししてきたように、答え方でまず大事なのは相手の土俵に乗っかること。

だが、**答え方に困ったピンチのときは、相手の土俵に乗らずにうまくかわし、いなし、自分が損しない方向へ持っていく。**

それでは、状況別にノウハウを紹介していこう。

◎しつこい依頼や誘いを断れないとき

「あなたとぜひお仕事がしたい！」「力を貸してほしい」と言われて、安請け合いをしてしまうということがある。仕事関係の有力者など、自分にとってメリットがある相手の場合、冷静になってすこし考えれば請け合うことなどできないとわかるのに、その場の雰囲気に飲まれてイエスと答えてしまう。しつこい依頼や誘いを断る方法を知っておこう。

☞限定的に言って、それを繰り返す

「今は無理ですが、来期なら」とまず答える。また相手は「ぜひ！」と迫ってくるだろうから、そうしたらまた「予定が変わり、今もお受けするのが難しいのですが、来期なら」という答えを繰り返し、誘いに乗る気がないとわからせる。限定するのは時間に限らず、場所、具体的な条件なども。

「今度飲みに行きませんか」といったフランクな遊びの誘いの場合、雑談を装いつつ断ると角が立たない。

☞「○○と言えば……」で違う話へ逸らす

「日本酒お好きでしたよね。赤坂の○○に今度いかがですか」と誘われたら、「赤坂の○○と言えば、あのビルは建築家□□氏の作品でしたっけ」「あの土地と言えば、もともとは△△氏の所有だったらしいですね」と、違う話へ持っていく。

◎情報を探られたとき

解禁前の新事業関連情報や社内人事など、口外してはならない情報を探られることがあるだろう。相手は雑談に紛れ込ませ、言葉巧みに尋ねてくる。だが、そのようなときに相手の圧力に負けて、情報の断片を「他言無用ですよ」などと漏らしていては、あいつに詰め寄れば口を割ると軽く見られてしまう。

☞「まだ答えられる状況にない」と説明する

「まだ答えられる状況にない」と言うのが効果的だ。このフレーズなら、「自分の立場上、仕方ないんだよ」というニュアンスを込めることができる。

☞「ご想像にお任せします」のスタンスを取る

人事関係の情報などは、個人のプライバシー問題と関連していることもある。人の噂が何より好きで探ってくるような相手には、「いろいろなことを言う人がいるようですね」「本人にしかわからないことじゃないですか」などと、知っていても言わないというニュアンスを答えににじませる。

◎立場的に引き裂かれているとき

たとえば、大学の先輩である上司Aと入社時から目をかけてくれた上司Bの意見が異なり、その間で両者の顔色をうかがいながら意見を言わなくてはいけないとする。たいていの中間管理職は立場的に引き裂かれた状態にあり、返答に困るということがあるだろう。このようなときこそ、はぐらかすしかない。

☞意思表明をせず二枚舌を使う

「どちらに賛成か？」と問われたようなときは、上司Aに「まあ賛成ですが、○○という問題点もあります」、上司Bには「賛成ですが、企画部が間違いなく反対するでしょう」という答え方で、どちらにも反論を想定する係をしてみる。愚かな人は「どちら派か？」の問いに答えてしまうのだが、それを避ける。こうするとうまく答えている印象を与えられ、ズルイとは思われない。

◎その質問には答えないという姿勢を貫く必要があるとき

たとえば、ある集団のなかで問題が起こり、責任ある立場の者が追及される。しかし、それに対して答える気はなく、何とかして煙に巻く必要があるとき、時間を費やして語って十分に答えたかのように思わせる手がある。野党からの追及に対し、のらりくらりと質疑をかわす総理大臣や大臣などが好例で、政治家や閣僚の多くが用いている手法だ。中間管理職以上の役職にある人間には、必須のテクニックといえよう。

☞原則論を繰り返す

質問には答えず、「ものごとには順序というものがある。今はその問題を討論すべき段階ではない」「その問題については時期が適切ではない」というふうに、現実よりも規範やルールを重んじる姿勢で答える。ビジネスでいえば、社の理念を持ち出して「これこそが大事なのだ」と持論を加えて長々と繰り返す。持論を語る際、「先日の中国出張でこんな光景を見た」「○○社の創業者からこんな話を聞いた」などの関連情報を混ぜ込んでいければ、尋ねたほうは答えてもらっていないにもかかわらず納得してしまう。

「調査中」「精査中」を繰り返す

とにかく「まだ明確に申し上げることが何一つない」ことを強調し、ひたすら繰り返す。「中」をつけることで、いずれ答えてくれるのではという希望的観測を相手が抱いてくれる。先に紹介した「『まだ答えられる状況にない』と説明する」（208ページ）にも通じるテクニック。

◎軽くいなして煙に巻きたいとき

雑談の軽いやり取りで、答えたくない質問をされたとする。たとえば、商売や株でたまたま大儲けしたことを知人が聞きつけ、あれこれ質問を投げかける。丸腰でいると、相手の興味本位の問いにうっかり答えてしまうことになる。そういうとき、悪い印象を与えないよう、軽くいなしてかわす次の方法を実践するとよい。

☞わざと誤解する

「大儲けしたんだって?」と言われたら、最初は「まあね」などと軽く受ける。「いくら?」と相手が切り込んできたところで、「そうなんだよ、高いんだ〜、来年の税金が!」とわざと質問を誤解してみせ、「さすがだね、そういうこと聞いてくる人ってなかなかいないんだよ」などとすかさず相手を褒めちぎれば、それ以上聞いてこなくなる。

☜都合のいい一部を拡大解釈する

「もしかして心配してくれているの」などと、相手の親切ごかしの言葉尻のニュアンスをクローズアップして、「気にかけてくれてありがとう」「本当にやさしい人だよね」と大げさに感謝の意を示す。相手は「いや、そんなことは……」と黙らざるを得なくなる。質問をわざと善意に解釈するのがポイントだ。

◎わざと意地悪な質問をされたとき

失敗の理由を聞かれるなど、相手がこちらを困らせようとした質問に対して答えながら、うまく自分のペースに引き込んではぐらかしていく方法もある。

☞問題設定をねじ曲げる

「確かに失敗しましたけど、私が目指しているのは全社的な労働環境の改善です。そのためにはさらに我々はチーム力を高めていく必要がある」などと、元々自分に向けられていたマイナスの話から、自分発信の建設的な話へとシフトしていく。

「こうした活動の先に未来がある」「世の中を変えていこう」と、大きな話に広げて最後は前向きな話で終わると、相手からは反省しているようにも見え、まあいいかとあきらめてもらいやすくなる。

☞泣き落とし

これ以上追及されたり不利な立場に置かれたりすると、もう自分はクビになってしまう、子どもたちを路頭に迷わせることになる、と哀れっぽく訴えて同情を引く。

◎決裂覚悟で意思を示したいとき

相手がこちらを貶（おとし）めようと辛辣な質問を投げかけたり、それをわざと人前で行って恥をかかせようとしたとき、決裂覚悟で意思を示すことも必要だ。

☞質問で返す

当事者同士の話だと仮定して、「今回のトラブルの原因が、あなた自身にあるという自覚はないのですか？」と聞かれたら、「あなた自身はどうなのですか？」と速攻で返す。相手に刃を向けたも同然なので、ここぞというときに思い切って使うほうがよい。日常会話でいつもこのような答えをしていると、ズルさが前面に出てしまい信頼を失う可能性もあるので要注意。

☞攻撃する

攻撃されたら、攻撃で返すのが勝負の鉄則だ。相手が勝負を仕掛けてきたのなら、受けて立つしかない。その場合、「よく、あなたがそんなことを言えるねえ」という言葉は常に使える。あきれたような口調で言えば、それだけで優位に立つことができる。むしろ相手のほうが恥をかかされたと思うだろう。

◎相手が善意で押しつけてくるとき

非常に押しつけがましい人のなかでも、とくに答え方が難しいのが「善意の人」だ。この種の人は単に押しつけがましいのとは違い、悪意はみじんもなく、こちらにとって不利益なことを本心から「あなたのため」と思って言っている。だから、限定的な断り方をすると、非限定部分ではオッケーなのだと捉えてしまう。

また、「もしも○○でなかったら□□できるのだが」という、現在の事実に反することを仮定・想像・願望する仮定法過去の表現も、付け入る隙があるのだと捉えてしまう。

要するに、はぐらかすことは難しいので、このケースではきっぱりと否定の言葉を口にしなければならない。

☜はっきりNOを突きつける

断りの「結構です」を快諾の意味（「オッケーです！」）に取る人がいるという笑い話があるが、こうしたケースではとくにそうなる可能性が高いので、はっきりとNOで返す。「できません」「無理です」「可能性はゼロです」など、相手が期待を持つ猶予を残さないのがポイント。この場合のはぐらかしは、あきらめたほうがよい。

☞「○○はしないと決めている」と答える

「親の遺言で」「家訓なので」という答え方に近いが、理由はなくてもNOの返事は揺るがない、と相手に伝えることができる。理由を言わないほうが、相手はさらなる押しつけがしにくくなる。

おわりに

私はおそらく30歳を超すまで、もっとも「答え方」の下手な人間の一人だった。本文中にも書いたが、就職試験の面接ではまったく答えることができず、内定を一社もとれなかった。答え方に失敗して、目上の人と衝突したり、感じの悪い人と思われて敬遠されたりすることが日常的だった。仕事にも恵まれず、かなりの不遇のなかにいた。何をしても損をする、そんな運命に生まれてきたのではないかとさえ思っていた。

30代になってから、自分の生き方を反省し、人当たりのよい人、とんとん拍子に成功している人の振る舞いや言葉遣いを観察して、すこしずつそれをまねるようになった。ちょっと戦略的に、自分なりに「答え方」を工夫するようになった。そうするうちに、「答え方」も徐々にうまくなっていった。

私の人生が好転し始めたのはその頃からだった。そして、周囲の人と衝突しなくなり、信頼されるようになった。感じのいい人とみなされ、仕事もうまくいくようになり、自分らしく生きることができるようになった。「自分は運がいい」と思えることが多くなってきた。

もちろん、「答え方」だけが人生を変えたとは思わない。ほかにも要因があっただろう。だが、上手に答えられるようになったことが、人生を好転させたいくつかの要因のなかのもっとも大事な一つだろうことは確信している。

私の周囲に「答え方」の下手な人がたくさんいる。ほんのすこし工夫するだけで、今までの損な生き方を変えることができるのに！　と思うことも多い。ちょっと教えてあげたくなることもある。

本書は私のそんな思いをまとめたものだ。本書を手に取った方々が「答え方」に自覚的になり、周囲の人からの評価を高め、得な生き方ができるようになればと思って、この本を作り上げた。本書を読んでくださった多くの人が「答え方」をマスターすることによって、幸福を実現できれば、こんなうれしいことはない。

なお、本書成立にあたって、フリーエディターの井上佳世さん、大和書房編集部の長谷部智恵さんには、企画段階から最終段階に至るまで大変お世話になった。お二人の力によってこの本はできあがったといっても言いすぎではない。この場を借りて厚く御礼申し上げる。

樋口裕一

本作品は当文庫のための書き下ろしです。

樋口裕一（ひぐち・ゆういち）

一九五一年、大分県に生まれる。早稲田大学第一文学部卒業後、立教大学大学院博士課程満期退学。仏文学、アフリカ文学の翻訳家として活動するかたわら、小学生から社会人までを対象にした小論文指導に携わり、独自の指導法を確立。通信添削による作文、小論文専門塾「白藍塾」塾長。多摩大学名誉教授。

著書には『頭がいい人、悪い人の話し方』（PHP新書）、『ホンモノの文章力』（集英社新書）、『小論文これだけ！』（東洋経済新報社）、『人の心を動かす文章術』（草思社）、『音楽で人は輝く』（集英社新書）、『ヴァーグナー　西洋近代の黄昏』（春秋社）、『「教養」を最強の武器にする読書術』（大和書房）、『頭の整理がヘタな人、うまい人』『頭のいい人は「短く」伝える』『頭のいい人の「軽々と生きる」思考術』（だいわ文庫）等、多数がある。

頭のいい人は「答え方」で得をする
がっかりされない答え方、一目置かれる答え方

著者　樋口裕一

二〇一八年五月一五日第一刷発行
二〇一九年六月一日第八刷発行

発行者　佐藤靖
発行所　大和書房
東京都文京区関口一－三三－四　〒一一二－〇〇一四
電話　〇三－三二〇三－四五一一

フォーマットデザイン　鈴木成一デザイン室
本文デザイン　福田和雄（FUKUDA DESIGN）
編集協力　ものの芽企画
本文印刷　信毎書籍印刷
カバー印刷　山一印刷
製本　小泉製本

ISBN978-4-479-30703-7
乱丁本・落丁本はお取り替えいたします。
http://www.daiwashobo.co.jp